KB199760

태초에 관계가 있었다

태초에 관계가 있었다

2015. 2. 16. 초판 1쇄 인쇄
2015. 3. 3. 초판 1쇄 발행

지은이 | Harry Kim
펴낸이 | 이종춘
펴낸곳 | BM 한얼의밀알
주소 | 121-838 서울시 마포구 양화로 127 첨단빌딩 5층(출판기획 R&D센터)
     | 413-120 경기도 파주시 문발로 112 출판도시(제작 및 물류)
전화 | 02-3142-0036
     | 031-950-6300
팩스 | 031-955-0510
등록 | 1973. 2. 1. 제 13-12호
출판사 홈페이지 | www.cyber.co.kr

ISBN | 978-89-315-7838-6 (03230)
정가 | 13,000원

이 책을 만든 사람들

기획 | 최옥현
진행 | 이병일
교정 | 신정진
본문 디자인 | 하늘창
표지 디자인 | 윤대한
홍보 | 전지혜
마케팅 | 구본철, 차정욱, 나진호, 이동후, 강호묵
제작 | 김유석

태초에
관계가
있었다

| 성령과 더불어 춤추는 관계 |

Harry Kim 지음

한알의밀알

감사의 글

또 하나의 졸작, 그러나 오랫동안 준비하고 벼르어 오던 책을 세상에 내놓습니다. 20여 년 전부터 준비하여 강의하고 또 제가 섬기는 주향한공동체 사역의 이론적 근거 중 필수로 사용하던 내용입니다.

원래 이 책은 '태초에 공동체가 있었다'(부제 : 성령과 더불어 춤추는 공동체)란 제목으로 집필해 왔던 방대한 분량의 원고 중 그 기초편인 '관계론' 부분인데, 마틴 부버가 말한 '태초에 관계가 있었다'를 제목으로 붙인 것입니다.

'태초에 공동체가 있었다'는 제가 공동체 목회에 사명을 가질 때인 20년 전부터 공동체 사역에 대한 성경과 공동체 사역의 권위자들의 글을 통해 얻은 정보와 저의 경험이 집약된 작품입니다. 공동체 목회의 성공담이라고는 전혀 내세울 것은 없지만 공동체 목회의 경험과, 교회 조직과 일반 조직, 공동체 사역의 현장을 컨설팅하면서 경험한 내용을 정리한 것이기도 합니다. 제1권은 공동체 목회의 기본에 해당하는 '관계와 영적 관계'를, 2권에서는 '영적 공동체, 영적 공동체 연합 그리고 영적 공동체성'을 다루고, 마지막으로 3권에서는 공동체의 유형 및 구체적인 사역의 실제와 실례들을 다룹니다.

말로 천 냥 빚을 갚기도 하지만 세 치 혀 때문에 죽기도 합니다. 선한 관계는 평생의 행복과 부를 가져오고, 생명을 살리기도 합니다. 관계만큼 인생 전체를 지배하는 것은 없습니다. 그런데 목회 현장과 비즈니스 현장에서 보면 관계를 너무 가볍게 여기는 분이 많습니다. 소탐대실한 이들의 미래는 분명 암울합니다. 물론 관계를 소중히 여기며 이를 위해 기꺼이 손해 보고 희생하는 분도 많은데, 이들의 미래가 얼마나 희망적인지는 역사가 증명하고 있습니다.

이 책 《태초에 관계가 있었다》는 관계에 서툰 모든 분이 건강하고 성숙한 관계를 형성하고 유지하도록 할 것입니다. 또 관계와 조직이 건강한 시너지를 창출하는 데도 도움이 되고, 팀 사역과 영적 공동체를 섬기는 리더들과 구성원 모두에게 큰 도움을 줄 것입니다. 구체적으로 부부 관계, 자녀와의 관계, 성도 사이의 관계, 상사와의 관계, 동료와의 관계, 동역 관계 그리고 조직 구성원들의 관계를 성장·성숙시키는 데 매우 효과적인 지침을 제공할 것입니다.

이 책을 집필하는 데 중요한 도움을 주신 두 분이 있습니다. 먼저는 이 책의 원고를 수없이 반복하여 읽으며 다듬어 주었을 뿐 아니라 부록을 작성해 준 지존이며, 그다음은 가정 사역자인 도은미 박사입니다. 2002년 초 브라질 상파울로의 동양선교교회에서 공동체를 주제로 집회를 했는데, 당시 도 박사님께서 이 강의 내용을 타이핑했고, 이후 잘 정리하여 간단한 책자로 만들어 교회의 공동체 리더 교재로 사용하셨습니다. 그 자료가 이 책의 뼈대를 이루었고, 이후 틈틈이 살을 입히고 다듬어 일단 제1권인 《태초에 관계가 있었다》가 탄생하게 된 것입니다.

지금까지 저를 사랑해 주신 모든 분께 깊이 감사드립니다. 그 모든 분을 다 공개할 수도, 기억할 수도 없으나 이분들로 인해 늘 행복했음을 고백합니다. 그 고마움에 조금이라도 보답하기 위해 기억나는 분들의 이름은 감사의 글에 올립니다.

먼저 내가 이 세상에서 제일 사랑하는 '주향한공동체'의 전제광 장로님을 비롯한 모든 지체에게 감사드립니다. 특히 꼬맹셀의 서현, 찬휘, 디엘, 하은, 선휘, 드린, 민준, 엘인, 석현, 그리고 막내 마음이의 맹활약에 늘 감격하고 있습니다.

내게서 암이 발견되어 찾아갔을 때 진심 어린 사랑으로 날 검진해 주셨던 이병욱 장로님과 또한 지적에서 늘 내 건강에 도움을 주는 동제한의원의 윤준서 원장과 세브란스의 권태동 교수에게 감사드립니다.

10여 년 전 이 책의 초고를 가지고 3박 4일 세미나를 함께 진행했던 부산-경남 차세대목회연구원의 원장인 이병영 목사님과 사무총장인 김두호 목사님, 김해의 존경하는 류인석 목사님 부부와 하영운 목사님 부부, 양산의 최성직 목사님 부부, 부산의 이양우 교수님 부부와 하 회장님, 광주의 한상영 목사님, 부평의 정정민 목사님, 제주의 윤덕균 목사님, 대전의 조영수 목사님, 거창의 황병권 목사님께 감사드립니다.

BAM(Business As Misson) 사역의 귀중한 동역자들이신 권경섭 장로님, 김동호 목사님, 직장 사역의 방선기 형, Neal Johnson 교수님과 Mats Tunehag, 전희인 장로님, 필리핀 유니그룹의 장재중 회장님, 제프리 장로님, 그리고 아시안 미션의 정재철 아우, 일터영성의 대가이신 주명수 변호사님, 늘 한결같은 법조인 조원희 아우, 사랑하는 권종섭 장로님, 또 그간 설악산 BAM Consultation에서 강의해 주셨던 환경지킴이의 최강자 최병성 목사님, 신갈렙 사장님, 또 동참했던 사랑하는 친구 백문현 목사님, 에덴교회의 김래현 목사님, 포항의 강인구 목사님, 노병권 사장님, 최지호 형제, 최승원 아우와 한웅재 아우에게 사랑과 존경으로 감사드립니다.

미국 플러싱의 야고비 가족과, 롱아일랜드의 채종욱 형과 박

동희 누나, 오선일 아우, 뉴저지 릿지우드의 박종구·김도연 집사님 부부, 김진수 장로님과 이기남·황혜진 가족, 필라델피아의 윤철호 사장님과 이 책의 초고를 읽고 귀한 코멘트를 해 주셨던 펜실베이니아 베들레헴의 김중혁 목사님 가족, 보스턴의 김찬미, 아직 만나 뵙지는 못했지만 제 졸저인 《크리스천 사업가와 BAM》을 읽고 가장 먼저 서평을 인터넷 몰에 올려 주셨던, 은근 친근감이 느껴지는 피츠버그의 배남석 집사님, 시카고의 큰처남 김효준 교수 가족, 유학 시절 우리 가족의 영적 친구였던 박창호 장로님 가족, 우리 주향한공동체의 영원한 멘토 이현경 권사님 부부, 늘 사랑과 기쁨으로 반겨 주는 인정태 아우 부부, 박영호 목사님 부부, 조은성 목사님 가정, 그리고 나의 사랑하는 두 아들 대니와 쌔미, 세크라멘토의 김기준 장로님 가족, 샌프란시스코의 양봉금 누님 가족, 실리콘밸리의 서 사장님 가족, LA의 이준성 교수 부부, 김재영 교수님, 허현 목사 가족, 정소라 자매 가족, 4월 4일 결혼하는 김주환 형제, 월닛의 Stephen Lee, 50년 친구 손진숙 권사 가족, 요바린다의 아모스 아우 가족, 강원모 목사님 가족, 쉴만한물가교회의 전 목사님과 황창무 장로님과 조동현 장로님, 얼바인의 김대성 동지, 권태동 교수 가족, 라피엣의 이재영 아우, 캔사스의 작은아버님 김양규 장로님 가족, 덴버의 이치연 장로님 부부, 알래스카의 영적 등대지기인 송원석 목사님,

토론토 CBMC의 김기일 장로님 부부와 윤덕규 사장님 부부,

태초에 관계가 있었다

조샘 아우 가족, 허숭녕 형제 부부와 박경욱 자매,

멕시코 멕시코시티의 이진수 사장님, 쿠바 하바나의 뻬트로 형제, 상파울의 황은철 목사님 부부. 안정삼 형님 부부, 대박 행진 중인 말라퀘타의 윤주동 장로님 부부, 정호열 장로님 부부, 김형광 장로님 부부, 하재명 장로님, 정병욱 집사님, 올 1월 소천하신 박길수 변호사님, 까뮈다페 중 큰아들 대니를 지극정성으로 섬겨주셨던 두루마리사역장이신 채성희 집사님, 안창우 아우 가족, 안창원 아우 가족, 이종한 아우 가족, 그리고 고원 사업을 돕는 여러분들, 2014년 11월 리우 데 자네이로를 방문한 나의 큰아들 대니를 환상적으로 섬겨 주셨던 박병관·조수잔나 부부, 모지의 박 장로님 부부, 마나우스 올드타이머 김완기 선교사님 부부와 그 아들 대니얼, 아순시온 쉴만한물가교회의 이희수 목사님 부부와 백은수 목사님, 김경훈 사장님 부부와 김승혜 권사님, 처제 같은 한지원 집사님 부부, 오의경 권사님 부부, 그리고 과라니족의 전통 의상을 한 보따리 사 주셨던 파블로 집사님, 부에노스아이레스의 이 집사님 부부, 칠레 산티아고의 장 장로님과 오 장로님.

마닐라의 영성 정기환 목사님 부부, 임장일 아우 부부, 비즈니스 선교의 대표적인 모델인 장재중 장로님, 마닐라 CBMC의 대들보인 천하제일 미남 이일모 장로님, 다바오의 홍순규 아우 가족, 방콕의 제자 이현국과 사랑하는 성민과 다은이, 치앙마이의 지갈렙 동지 가족, 김성국 목사님, 피터강 장로님, 라오스 비엔티엔의 박성천 아우 부부, 미얀마 양곤의 거목 이동현 아우 가족, 네팔 카트만두의 NEPAL-KOREA SKIN HOSPITAL 김성광 원장님 부부, 베트남 사이공의 김야곱 사장 부부, 김태복 사장님, 김병석 사장님, 배 권사님, 현업주 사장님 부부, 그리고 안식년 중인 이선재 교수 부부, 캄보디아 프놈펜의 주이삭 형제 가족, 씨엠립의 송수찬 형제, 말레이시아 페낭의 사랑하는 제자 상찬·경애 가족, 이포의 백철 사장님 부부, 중국 본토 상하이의 엄기영 목사님, 채운석 사장님. 최권 동지와 공동체 식구들, 항주의 안 사장님과 박태범 동지, 고원의 아우 부부와 하희, 하강, 하경이, 현지인 비즈니스 파트너들, 그리고 거대 대륙에 흩어져 있는 신실한 현지 동역자들, 오사카의 박삼열 동지 부부,

연해주의 박 사장님 부부, 모스크바의 김 사장님 부부, 키르기스스탄 비슈케크의 코털 동지 가족과 오쉬의 동지들, 아제르바이잔의 코털 아우 부부, 예루살렘의 정연호 목사님 가족, 로마의 한인성 목사님 부부, 요르단 암만의 신태훈 아우 가족, 밀라노의 황충연 집사님 부부, 지금은 한국에 와 있는 제자 이승원 가족, 프랑크푸르트의 이형길 목사님 부부와 한때 주향한공동체의 지체였던 쌍둥이, 박선유 장로님 부부, 윤연호 집사님 부부, 프랑크푸르트에 갈 때마다 맛난 음식으로 대접해 주셨던 김용신 집사님 가족, 늘 그리스 음식으로 날 섬겨 주었던 마에스트로 이주현 집

사님 부부와 늦둥이 노아, 박정심 집사님, 카셀의 홍성훈 대감 부부, 슈투트가르트의 막내 처남 김태준 목사 가족, 함부르크의 김미숙 집사님, 드레스덴의 안창국 아우 부부, 베를린의 사랑하는 막내 권진주와 꺽다리 로버트, 스위스 취리히의 변 사장님 가족, 프랑스 파리의 이 목사님과 아우 부부, 툴레주의 전석현 권사님 가족, 체코 프라하의 이종실 선배 가족, 박상욱 목사님 부부, 우크라이나 키예프의 권셈 부부, 오스트리아 빈의 김명실 집사님 부부, 헝가리 부다페스트의 아우 부부, 브라스틸라바의 박 선교사님 부부, 폴란드 바르샤바의 김 사장님 가족, 터키 이스탄불의 김셈 가족, 괴뢰메의 하산 형제, 스페인 마드리드의 김용재 동지 가족과 서현영 낭자, 바르셀로나의 전성윤 형제,

말라위 그물리라의 강지현 동지 부부, 르완다의 제프리 장로님 부부, 남아프리카공화국의 이은원 선교사님 가족과 우정구 선교사님 부부 등등, 그간 제게 큰 사랑을 주셨던 모든 분께 진심으로 고개 숙여 감사드립니다.

끝으로 흔쾌히 이 책을 출판해 주신 '성안당'의 이종춘 회장님과 최옥현 국장님께 감사드립니다.

2015년 1월 19일
Harry Kim

차례

Chapter 3 영적 관계

영적 관계란?

영적 관계의 특성

영적 관계의 목적

영적 관계를 파괴하는 것들

서문

　삶이 만남이듯 존재는 관계이다. 태초에 하나님은 성삼위라는 관계로 존재했고, 그 관계 속에서 인간은 창조되었기 때문이다. 관계 안에서만 우리는 하나님을 발견하고 관계 안에서만 우리는 사회적 존재가 된다.[1) 인간은 관계로만 그 정체성이 설명되는 존재이다. 관계는 현실의 세계에 우리와 함께 존재하는 실제이며 모든 존재는 함께하는 존재에 의해 실체화된다. 하나님이 우리와 함께하시므로 우리는 인간이 되었고, 그리스도와 함께함으로써 그리스도인이 되고, 부부는 서로 함께함으로써 부부로 존재하고, 나는 너와 함께함으로써 우리가 되고, 공동체가 되고, 사회가 된다. 이렇게 우리는 다양한 형태의 관계에 속하며, 이 관계와 늘 직면하고 있다.

태초에 관계가 있었다

이상하리만큼 이 관계의 실상에 대해 무지한 우리는 관계의 실체가 아닌 그 허상에 휘둘린다. 관계는 거울 속에 있는 허상과도 같다.[2] 거울의 상태에 따라 온갖 괴이하고 일그러진 형상을 하고, 실제보다 작아 보이기도 하고, 과장되어 보이기도 한다. 사람들은 관계의 허상들로 인해 상처를 주고받으며 울고 웃는다. 이는 '관계의 역설'이 아닐 수 없다. 그러나 관계의 실상을 잘 알고 관계를 잘 맺으면 누구에게나 건강과 성공과 행복이 보장된다.

성숙한 관계는 건강을 보장한다

우리나라 사람들은 태어나서 죽을 때까지 10년 이상 질병을 앓고 산다고 한다. '우리나라의 건강 수명 산출' 보고서에 따르면 2011년 태어난 아기의 건강 수명은 70.74세였다. 2011년 태어난 아기의 기대 여명이 81.20세인 것을 감안하면 10.46년, 평생의 13%가량은 질병을 앓으면서 살아가야 하는 것이다.[3]

건강은 모든 인류의 주관심사이다. 인간은 온전하고 올바른 관계 속에 있을 때에만 진정으로 건강할 수 있다.[4] 사랑받고, 양육받고, 인정받고, 존중받고, 보살핌을 받고, 지원받는다고 느낄수록 행복하고 건강해질 가능성이 훨씬 높아진다. 일본 교토 의대 야모리 교수가 WHO의 협력으로 10년간 세계 25개국 57개

지역을 대상으로 한 연구에 따르면 100세 이상 장수하는 사람들의 식생활에는 공통점이 있는데, 그중 하나가 가족, 사회와의 연계를 소중히 하고 함께 식사하는 것이다.[5]

또 혼자 지내지 않는 사람은 아플 확률이 현저하게 낮으며, 만약 아프더라도 회복할 가능성이 훨씬 크다.[6] 관계가 건강의 모든 영역을 매우 노골적으로 간섭하는 것은 분명하며 그 예는 매우 풍부하다. 최근의 연구 결과에 의하면 남녀를 불문하고 독신의 경우 결혼한 사람에 비해 7~17년이나 일찍 죽는다.[7] 또한 부부 싸움은 면역 체계에 부정적 영향을 주고, 대학 기숙사 룸메이트가 서로 싫어할수록 감기에 걸릴 확률이 높고 병원 출입의 빈도수가 높아진다고 한다.

"인간관계가 부족한 사람은 건강이 좋지 않은 경우가 많았으며 사망률 역시 정상인보다 2배 이상이 높다."는 주장이 있다.[8] 의학 전문가들의 인간관계와 건강에 대한 연구 결과도 한결같다.[9] 또 7,000명의 남녀를 대상으로 한 미국의 한 연구에 의하면 "대인 관계가 가장 부실한 사람들은 관계가 가장 탄탄한 사람들에 비해 9년 후 죽을 확률이 두 배나 높았다."[10] 건강한 사람이 되고 싶다면 인간관계가 중요하다는 간단한 사실을 기억하라. 성숙한 관계는 건강을 보장한다.[11]

성숙한 관계는 성공을 보장한다

성공을 쟁취하기 위한 사람들의 노력은 가히 상상을 초월한다. 성공을 위해 실력을 쌓고 그래서 경쟁력을 확보해야 하는 줄 알지만, 성공하는 데 실력이 차지하는 비율은 15% 정도밖에 안 된다고 한다. 성공을 이루게 하는 85%는 성숙한 관계이다.[12] 관계의 성공이 성공한 인생으로 이어지는 경우를 찾기는 어렵지 않다.[13] 주변에 성공적인 삶을 사는 사람들에게는 반드시 친밀한 관계의 협력자가 있다는 사실이 이를 잘 증명해 준다.[14] "우리가 살아가면서 이루어내고 성취하는 모든 것은 다른 사람들과 상호작용한 결과"[15]이기 때문이다.[16] 우리가 "다른 사람들이 원하는 것을 얻을 수 있도록 먼저 돕는다면, 그들도 당신의 원하는 것을 얻게 해줄 것이다."[17] 이것이 관계의 보상이자 관계가 우리에게 주는 성공 공식이다.[18] 성숙한 관계는 성공을 보장한다.

폭넓은 인간관계를 만들고 유지한 결과로 인해 얻게 되는 이점은 건강만이 아니다. 관계는 거래로 이어질 수 있고 거래는 부로 이어질 수 있다. 앉아서 돈만 바란다면 아무것도 이루어지지 않는다. 몽상만 하거나 자기 확신의 주문만 왼다고 해서 이루어지는 것은 없다. 사람들과 적극적으로, 심지어 즐겁게 교류해야 부가 창출되는 환경이 조성될 수 있다. 일반적으로 사람들은 이미 관계를 맺고 있는 사람들과 비즈니스나 거래를 하고 싶어 한다. 앞으로의 거래를 염두에 두고 관계를 형성하려고 하면 때가 너무 늦는다. 거래가 발생하려면 관계가 미리 존재해야 한다.[19]

성숙한 관계는 행복을 보장한다

경기 침체 속에 '연애, 결혼, 출산을 포기한다'는 이른바 '3포 세대'가 늘고 있다. 우리가 이 세상에서 누려야 하는 최고의 행복인 결혼마저도 경제 논리에 좌우된다니, 맘몬의 영향력은 실로 대단하다.

행복하기 위해 사람들은 돈을 벌지만, 돈이 행복해지는 데 끼치는 영향은 실로 미비하다.[20] 돈으로 행복을 살 수 없다.[21] 우리를 행복하게 하는 것은 역시 성숙한 관계이다. 영국의 일간지 텔레그래프는 삶의 만족도를 높이고 사람들의 행복을 향상시키기 위한 10가지 행동 지침을 소개했다. 그중에 첫째는 이웃에게 베푸는 것이고, 둘째는 사람들과의 관계를 중시하라는 것이다.[22]

분명 행복은 관계 속에 똬리를 틀고 있다. 성숙한 관계는 삶의 질을 높이는 무형의 자산이다.[23] 꼭 기억하라. 성숙한 관계는 행복을 보장한다.

관계는 사랑이 전달되는 선로(rail)이다.[24] 관계라는 선로가 건강하면 건강한 이타적인 사랑이 굴러가고, 그 선로가 건강하지 못하면 병약한 사랑이 굴러가고, 파괴적인 관계라는 선로에는 파괴적인 사랑이 굴러간다. 하나님의 사랑인 아가페가 건강한 사랑으로 세상에 전달되기 위해서는 성도가 세상과 아가페적 관계를 형성해야 한다. 아가페적 관계는 세 가지 선로가 효과적으로 조화를 이루어 기능할 때 가능하다. 첫째는 섬김이라는 노선이며, 둘째는 환대라는 노선, 마지막으로 나눔이라는 노선이다. 이 세 가지 선로를 통해 하나님의 사랑이 세상에 전달된다.

현대인은 최고 학식과 정보, 그리고 최신형인 삶의 도구들로 무장한 역사상 최고의 명장이자 투사들로서 인생의 그 어떤 문제와 난관도 쉽사리 해결할 듯하다. 그러나 관계의 문제에 직면하게 되면 쉽사리 패배자가 된다. 주변에는 따뜻한 마음과 악수의 따스함으로[25] 관계를 쉽게 맺고 잘 이어가는 이들이 있지만, 이웃과 동료 등과의 관계 형성을 힘들어하다 포기하고 외로운 섬처럼 살아가는 이들도 많다.[26] 이 외로움이 질퍽한 세상에서[27] 우리는 어떻게 하면 이 관계 맺기의 서툶이라는 중병을 이겨낼 수 있을까?

관계는 우리의 삶을 매우 구체적으로 간섭하며 강력한 영향을 준다.[28] 그렇다면 우리와 불가분의 운명인 관계란 무엇이며, 어떻게 이해해야 하고, 또 어떻게 건강한 관계를 형성해 나가야 하는가? 과연 우리는 언제쯤이나, 또 어떻게 해야 "주께서 우리를 사랑하셨듯이 서로 사랑할 수 있으며"(요 13:34), 주께서 보여주셨던 성숙한 관계를 형성해 나갈 수 있을까? 영적 공동체 내에서의 성도들의 관계는 어떠해야 하는가?[29] 먼저 관계의 유형을 알아보자.

성숙한 관계는 **건강**을 보장한다

성숙한 관계는 **성공**을 보장한다

성숙한 관계는 **행복**을 보장한다

Chapter

1

관계의 유형

사탄의 전략 때문에 사람들은 관계 맺는 방법을 상실하고 친밀함을 전혀 경험하지 못하

는 삶을 살게 된다. 친밀감이 없는 관계는 결국 관계 파괴로 이어진다. 이로 인해 사람들

은 외로움과 개인주의라는 죽음의 늪으로 빠져들고 있다. 외로움과 개인주의는 사탄의

공격에 패배한 삶이다.

우리는 관계 속에서 그냥 살아갈 뿐이지,
인생의 기반이자 틀인 관계의 유형에 대해서는
관심도 없고 무지하다.

내가 초등학생이던 시절, 우리 집과 담장을 같이 쓰는 이웃집에 나와 같은 반 여자아이인 민정이가 있었다. 민정이의 부모님은 동네 최고의 부부 싸움꾼이어서 거의 매일 싸우셨다. 이분들이 부부 싸움을 시작하면 온 동네가 시끄러웠다. 그럴 때면 민정이는 늘 담장 밑에 쪼그려 앉아 울었는데, 그 모습이 아직도 내 눈에 선하다. 당시 동네 어른들은 이 부부를 '부부 싸움 중독자'라 부르셨다. 이 부부는 자신들의 갈등을 부부 싸움으로 풀어내는 것으로 암묵적 동의를 하고 있었다. 그래서 갈등에 처하면 늘 싸웠다.

모든 관계는 서로의 암묵적 동의 아래 형성 · 유지된다.[30] 어떠한 갈등과 난관에 처해도 관계 유지를 우선으로 하자고 동의한 이들은 관계를 깨지 않는다. 그러나 민정이 부모님처럼 부부 싸움을 습관적으로 하는 이들은 자신들의 갈등을 해결하는 방법을 부부 싸움으로 암묵 동의하고 있기 때문이다.[31] 어떤 일이 있어도 부부 싸움을 안 하기로 서로 동의한다면 누구라도 부부 싸움의 진흙탕에서 벗어날 수 있다.

갈등이 생기면 침묵하는 이들이 있다. 이들은 갈등을 대처하는 방법을 침묵으로 암묵적 동의한 것이다. 더 이상 관계를 지속해서는 안 되는 이들이 있다. 그러나 이들의 경우 자신들이 현재의 관계를 파괴하기로 동의하지 않는 한 관계의 덫에서 빠져나올 수 없다.

관계는 암묵적 동의에 의해 진행된다. 암묵적 동의의 결과로 관계를 이루고 있는 이들의 상호 작용이 진행되고, 그 결과에 따라 관계가 건강하기도 하고 허약하기도 하며, 생산적이기도 하고 또 파괴적이기도 하다. 상호 작용의 유형에 따라 모든 관계는 '파괴적 관계', '정체적 관계', '생산적 관계' 그리고 '영적 관계' 등으로 나누어 설명할 수 있다.

파괴적 관계
1 + 1 < 2

2014년에도 우리 시대의 가장 악랄한 관계 파괴가 발생했다. 한 의무대의 Y일병이 같은 막사에서 생활하는 선임들의 지속적인 구타로 살인을 당한 사건과, 15세 여고생이 같은 여고생들에 의해 성매매를 강요당하다 잔인하게 살해당한 사건이다. 우리가 어쩌다 이런 비극적인 상황에까지 이르게 되었는가? 차제에 우리가 일상 중에 이런 잔인한 관계 파괴를 외면하고 있었지는 않은지, 아니면 우리 안에도 이런 잔인함이 감추어져 있지 않은지를 깊이 성찰해 보아야 한다.

우리에게 관계는 선택이 아니라 필수다. 우리의 가장 깊은 곳에는 누군가와 관계를 맺고자 하는 욕구가 자리하고 있으며, 관계라는 정황 속에서만 우리 인격의 깊은 욕구가 채워질 수 있기 때문이다.[32] 그리고 이 이어지고자 하는 욕구야말로 하나님의 형상을 닮은 인간의 존엄성을 규명해 준다.[33]

그러나 우리 주변엔 이 '이어지고자 하는 욕구'를 상실하고 관계 파괴의 늪을 헤매는 이가 많은데, 결혼 관계가 대표적이다. 2009년 우리나라의 결혼 대비 이혼율은 47.4%에 달했다. 미국과 스웨덴에 이어 이혼율 세계 3위였다. 일평균 840쌍이 결혼을 하고, 398쌍이 이혼을 한다. 별거 중인 부부들을 포함하면 실제 이혼율은 50%가 훨씬 넘어 세계 최고 수준에 이를 것이다. 통계청에 의하면 2010년 이혼 건수는 2009년 대비 7%가 늘어났다고 한다. 2년 후인 2012년에는 11만4,300여 쌍이 이혼하여 OECD 국가 중 이혼율 1위다. 2013년 10월 29일 통계청이 내놓은 인구 동향 자료를 보면 지난 2000~2012년 13년간 혼인 건수는 총 417만 4,584건으로 월평균 2만6,760쌍이 식을 올렸다. 같은 기간 이혼은 모두 166만7,145건으로 집계됐다. 월평균 1만687건으로 월평균 결혼 건수의 39.9%에 이르렀다. 이혼은 대표적인 파괴적 관계이다.[34]

대다수의 부부는 많은 갈등과 어려움을 극복하면서 서로를 품고 사는 아름다운 동행에 헌신한다. 그러나 적지 않은 부부들이 "위기가 닥치면 관계를 더 발전시키고 정직한 의사소통을 할 수 있는 기회로 받아들이기보다 쉽게 결혼 생활을 중단해 버린다. 이혼까지 가지는 않더라도 겉으로만 부부 관계를 유지하며 사회적인 관습만 지킬 뿐이다."[35] 이는 당면한 위기와 갈등에 대해 성숙하게 대처하지 못했기 때문이다.

파경에 이른 결혼 생활 그리고 높은 이혼율의 원인을 찾아보면 부부 사이에 많은 문제가 해결되지 않은 채 쌓여 있는 경우가 대부분이다. 아예 처음부터 결혼을 해서는 안 되는 사람도 있다. 또한 자기 내면의 상처와 갈등을 해결하지 못한 사람도 있다. 이들은 결혼 관계에서 갈등을 해결하기 힘들다. 또 자존감이 부족하고, 자기감정을 볼 줄 모르고, 수치심과 죄의식에 사로잡혀 있으면 건강한 불화마저 견뎌내지 못한다.[36] 그 결과, 아름다운 동행의 파괴는 당연하다. 에덴동산을 꿈꾸며 결혼한 주인공들이 결혼 파괴로 정글에서 고통을 당한다. 대박을 꿈꾸며 동업 관계를 형성했던 사람들이 동업 파괴로 고통을 당하고 심한 경우 적대적 관계로 변한다. 아름답고 바른 교회를 꿈꾸며 교회를 개척했던 멤버들이 갈등과 분열로 갈라지고, 의미 있는 동역에 의기투합했던 사역자들이 파괴적 관계에 이르러 깊은 상처로 신음한다.

관계 파괴의 폐해는 상상을 초월한다

우리는 날마다 일정량의 그리고 양질의 대인 관계가 있어야 살아남을 수 있는 사회적 존재로 지음을 받았다. 그런 우리가 이 관계 파괴의 홍수 속에서 사는 것은 우리가 육체적 질병뿐만 아니라 사회적 질병으로 죽어가고 있음을 뜻한다.[37] 이는 비극이다. 관계 파괴는 인격적 결함과 애정 결핍 그리고 사회적 고립과 신체적 기능 장애를 초래하는 불행의 가장 큰 원인이다.[38] 또 어머니의 태에서부터 시작되는 우리의 관계는 너무 어린 시절부터 인격적 결함을 가져오거나 개인적 파멸까지 초래하기도 한다.[39] '인격적 결함'과 '개인적 파멸'의 상태에서는 타인과의 관계 형성을 위한 수고와 투자가 오히려 상대에 대한 비가시적, 비윤리적 폭력이 되어 심각한 관계 파괴로 이어진다.[40]

인생에서 경험한 어둡고, 슬프며, 불행했던 모든 날의 대부분이 파열되거나 긴장되고 혹은 다음과 같은 깨어진 관계들에 의한 것이다.

> 어린 시절에 부모로부터 분리되거나, 또는 부모에게 화를 내었던 경험, 십대 시절의 이성 친구와 이별, 친구 간의 분노와 오해, 부모 혹은 배우자의 죽음, 배우자와의 다툼 또는 이혼, 고용인과 고용주 사이의 갈등, 가족 간의 분개와 불화, 현재의 사업상 고민 등등.[41]

파괴적 관계는 가장 퇴화한 관계로, 공동체 파괴로 이어진다

21세기는 역사상 유례가 없는 관계 퇴화의 시기로 '공동체의 죽음'이 몰아친다.[42] 공동체의 죽음은 개인주의와 이기주의로 인한 다음과 같은 폐해를 양산해 낸다.

> 파탄에 이른 가정, 원수지간, 종교 집단의 파당과 분리, 서로의 관계에서 오는 상처를 늘 주고받는 부부, 습관적 반목을 계속하는 저급한 정당들, 조직과 공동체 안의 부정적 파당들, 분규 중에 있는 교인들, 스포츠계·예술계·문화계·종교계 그리고 군대 내에서의 파벌, 지역감정주의, 독불장군[43], 인종차별주의[44], 이익 챙기기가 목적을 앞서는 관계, 목적 성취가 관계보다 우선시되는 시스템, 바가지 상술[45], 정직한 대화보다 속임수가 횡행하는 관계[46] 등등.

더욱 안타까운 것은 기독교 세계에서조차도 어우러져 사는 법을 상실하고 관계 파괴의 늪에 빠져 있다는 것이다. 갈등과 분쟁이 끊이지 않은 교회, 전쟁하듯 언쟁 중인 교계, 그리고 크리스천

비즈니스 영역에서의 세속보다도 더 심각한 권위주의와 밥그릇 경쟁, 또 성직자 간, 성직자와 평신도 사이의 보다 첨예화되는 분리주의 등은 그 일부의 예이다.[47] 이는 기독교인들이 용서로 상처를 다루는 법을 배우지 못했으며, 서로를 무조건적으로 사랑하는 법을 배우지 못했기 때문이고, 서로의 차이를 건설적으로 다루는 법을 배우지 못했으며, 그리고 깊은 우정을 쌓는 법을 배우지 못했기 때문이다.[48]

오늘날 관계 파괴는 왜 생겨나는가

오늘날 관계 파괴를 일으키는 대표적인 원인은 심리적 장애, 사탄의 공격, 인간 소외, 관계의 수단화, 무관심 그리고 관계보다는 기능과 역할, 해결을 중시하는 현상 등이 있다.

심리적 장애들 때문이다

관계 파괴의 주요 요인은 심리적인 장애들로 허약한 심리, 외로움, 열등감, 내적 상처, 부정적 시각 등이다. 이 심리적 장애들을 제거하지 않으면 "자기 자신을 받아들일 수도, 충만하게 '느낄' 수도, 다른 사람을 받아들일 수도 없다."[49] 관계의 장벽이 우리 내부에 있는 것이다.[50]

사탄의 공격 때문이다

다양한 이유로 영적 순결성을 상실한 현대인은 사탄의 주도면밀한 관계 파괴 전략에 제대로 저항도 못 하고 쓰러진다. 또 영적 긴장감을 상실하여 사탄의 접근과 공격을 제대로 감지하지도 못하고 있다. 사탄은 우리의 관계를 집요하게 파괴하여 건강하고 성숙한 영적 관계를 통해 흐르는 시너지인 권능(dunamis)을 차단하려 한다. 최초의 공동체인 아담과 하와의 가정이 권능으로 지켜졌으며, 하나님께서는 아담과 하와가 그들의 하나 됨을 통해 흐르는 권능으로 세상을 다스리길 원하셨다. 그러나 죄로 인해 이들은 하나님과의 친밀감을 잃어버렸고 이들 사이의 영적 관계도 파괴되었다. 그 결과 아담과 하와는 권능을 상실하였고, 이로 인해 아담과 하와의 가정뿐만 아니라 세상은 죄로 물들고 사탄의 통치가 시작되었던 것이다.

권능

성령의 도우심으로 인간의 능력만으로는 불가능한 영적 연합이 형성되면 공동체에 초강력의 영적 시너지가 생산된다. "오직 성령이 너희에게 임하시면 너희가 권능을 받고 예루살렘과 온 유대와 사마리아와 땅 끝까지 이르러 내 증인이 되리라"(행 1:8) 이 같은 초강력 영적 시너지를 권능이라 칭한다. 이 권능은 예수께서 이 땅에 계시면서 하나님의 뜻을 이루시기 위하여 사용하셨던 초능력이다. 하나님께서 그리스도에게 주신 영적 능력이다. 예수께서는 이 권능을 사용하셔서 우리의 죄를 사해 주셨으며 (마 9:6) 귀신을 쫓아내셨다.(마 10:1) 또한 이 권능으로 예수께서 우리를 사탄에게서 구출하셨으며, 영적 공동체인 제자 공동체를 만들어 제자들을 양육하셨고, 마침내는 모든 권능을 제자들에게 주어 파송하셨다.(마 28:18-20)

사탄이 아담과 하와의 영적 관계를 파괴한 것은 그들의 하나 됨을 통해 흐르는 권능을 그 근원에서부터 막으려는 고도의 전략이었다. 권능 앞에서는 무능력한 사탄은 영적 관계를 파괴하여 권능 창출을 원천적으로 차단한다. 예를 들어 동역을 하는 사역자들의 경우에 영적 관계가 파괴되면 사역자들은 권능이 아닌 자신의 능력으로 사역하게 되고, 그 결과 사탄의 통치가 진행되고 사탄의 영역이 확장된다. 사탄의 입장에서 영적 관계의 파괴는 가장 효과적이며 효율적인 권능 차단 전략이다.

사탄의 전략 때문에 사람들은 관계 맺는 방법을 상실하고 친밀함을 전혀 경험하지 못하는 삶을 살게 된다. 친밀감이 없는 관계는 결국 관계 파괴이다. 이로 인해 사람들은 외로움과 개인주의라는 죽음의 늪으로 빠져들고 있다. 외로움과 개인주의는 사탄의 공격에 패배한 삶이다.[51]

인간 소외 때문이다

2011년 6월 말, 미국에 사는 처남댁이 페이스북에 글을 올렸다. 서로가 서로를 모르고자 하는 발버둥이 극에 도달한 이 시대에 소외의 한 단상을 전하고 있다.

> 이민자들의 삶은 다소 아니 많이 외롭습니다. 그래서인지 가끔 한국 사람들끼리 만나는 모임에서 쉬지 않고 혼자 말하는 사람이 종종 있습니다. 나도 예외는 아닐 거라고…. 어제도 한 분을 보았는데 몇 시간이 되도록 모임 속에서 혼자 대부분의 시간을 말씀하십니다. 참 서글픈 것은 사회적으로도 꽤 이루신 분인데 굉장히 외로우셨겠구나 하는 생각을 하면서…혹시 여기 오래 살다가 나도 저렇게 되면 어쩌지 하고 슬퍼졌습니다.

세속화의 분수령을 이룬 산업 혁명에서 기술 혁명으로 이어져 온 근현대사는 인간이 관계 안에서 친밀감을 누리던 기쁨과 행복을 빼앗아 간 시기다. 관계의 기쁨과 행복을 상실한 우리는 노동자, 기술자, 전문가란 신분을 유지케 하는 기술에서 기쁨과 행복을 되찾으려 한다. 이로 인해 사람들은 관계를 멀리하고 전문성과 기술에 집착하게 되었다.[52] "기술이 나쁘다는 말이 아니다. 기술은 여러 좋은 목적을 위해 이용되지만, 종종 소외감을 일으키는 세력이 되고 있다는 사실이다. 인간관계를 왜곡시키는 힘이라는 말이다. 기술은 선한 의도로 만들어졌지만, 반드시 점검해 봐야 할 좋지 못한 경향이 그 속에 내재되어 있다."[53)]

가족의 일이었던 가사를 세탁기와 냉장고, 청소기 등을 비롯한 기계들이 대신하게 되자 이 일을 함께하며 누리던 가정 안에서의 친밀감을 상실하게 되었다. 인간관계 속에서 이루어지던 대화, 바둑, 장기, 화투 등이 컴퓨터상의 다양한 비관계적 게임으로 대체된 현실은 인간을 깊은 소외의 늪에 빠지게 하였으며, 친밀감을 상실케 하였고, 더 나아가 친밀감 경험이 전혀 없는 존재가 되게 하였다.

또한 내가 상대를, 상대가 나를 기능화하고 역할화하며, 또 당면한 문제를 해결하기 위한 존재로 만나는 이 시대의 문화가 관계의 진정성을 파괴한다.

관계의 수단화 때문이다

최악의 관계는 관계가 수단화되는 것이다. '인간의 수단화'가 현대인의 불행이듯이, 관계의 수단화는 관계를 파괴하는 암(癌)이다. 인간이 수단화되는 사회가 디스토피아이듯, 관계가 수단화되는 사회도 디스토피아이다. 인간의 수단화가 생명을 소모품화하듯이, 관계의 수단화도 관계를 소모품화한다. 인간관계를 돈벌이로 활용하고 또 인간관계를 자신의 신분 상승 도구로 사용하는 이가 많다.

수단과 방법을 가리지 않고 유명 인사의 옆자리를 차지한 뒤 아는 척하면서 자신을 드러내는 이들도 있고, 제품을 팔기 위해 관계를 이용하는 세일즈맨들도 있다. 친구나 가족이 자신을 필요로 할 때 바쁘다는 핑계로 그들을 무시하기 일쑤인 이들도 있다.[54]

직업인 조찬 모임에서는 관계를 쌓지 못한다. 그것은 단지 자기 이익에 관심을 둔 야심찬 사람들이 자기 비즈니스를 광고하는 기회의 장일 뿐이다. 대부분의 경우 그와 같은 행사들은 주로 셰익스피어의 《줄리어스 시저》에 나오는 카시우스처럼 '야위고 배고픈 표정'을 짓는 사람들을 끌어 모으는 경향이 있다. 약간의 성공을 누리고 있는 사람들에게는 그 같은 사실이 거의 곧바로 명백해지므로, 그들은 다음번 행사부터는 떼를 지어 사라진다.[55]

관계보다 규칙을 더 우선시하기 때문이다

분명 "우리가 세상을 구원하는 방법은 더 많은 규칙을 지키는 것이 아니라 바른 관계를 위해 사는 것이다."[56] 그러나 규칙이 우선시되는 현실이다. 관계보다 규칙을 우선시하는 조직에서는 높은 생산성을 기대할 수 없다. 시너지가 창출되지 않기 때문이다. 고객에게 과할 정도로 친절하고 정중하게 대하면서도 '규칙 때문에…'만을 강조하며 고객의 심리적 요구를 단호히 무시하면 그 결과는 고객의 외면이다.

나는 20년 이상 한 은행과 거래해 온 우수 고객으로서 제공받은 VIP 신용 카드를 잘 사용하고 있었다. 2011년 1월 오사카에서 사역하시는 선교사님 가족을 그곳의 한 식당에 초대하여 저녁을 대접했다. 그런데 신용 카드의 사용이 불가능해서 매우 난처한 상황에 처하게 되었다. 이후 은행 담당자들과 수십 번의 전화 통화를 하게 되었는데 그들은 한결같이 '과할 정도로 친절하고 정중하게' 대하면서도 "규칙 때문에…" 시급한 문제는 해결해 줄 수 없다는 사실만을 강조했다. 그들은 '관계보다 규칙을 앞세운 잘못된 충절'로 자신에게 월급을 주는 은행과 은행이 인정한 한 명의 VIP 고객 사이의 20년 관계를 파괴시켰던 것이다.

> 사람들은 주어진 업무에서 어떻게 하면 좋은 결과를 낼까 생각하기보다 그저 조금만 잘하면 된다고 생각한다. 그 결과 온갖 규정과 규제가 비인격적으로 융통성 없이 적용되고 있다. 고객이 하자가 있는 상품을 반품했을 때 약속한 기한 내에 교환 받으면 그나마 다행이다. 회사는 고객의 급한 상황을 고려하지 않는다. 기한 내에 교환해 주기만 하면 된다는 식이다. 규정이 신뢰를 바탕으로 하는 양심을 대신하게 되었다.[57]

태초에 관계가 있었다

나는 고객은 왕이라고 외치면서 고객을 감동시키는, 고객 중심의 은행이 되겠다고 온갖 매체를 통해 떠들어대는 그 은행과 더 이상 거래하지 않기로 했다. 과할 정도로 친절하고 정중하게 대하면서도 앵무새처럼 원칙만을 되풀이할 권한밖에 없는 담당자들과 그런 그들에게 호소할 수밖에 없게 하는 그 시스템이 불쾌해서이다.

원칙을 관계보다 우선시하는 회사와 조직이 고객을 계속 붙잡을 수 있다는 착각을 버려야 한다. 원칙을 관계보다 더 중요하게 여기는 사람은 자신이 관계하는 이들과 성숙한 관계를 유지할 수 있다는 망상에서 깨어나야 한다.

심각한 문제는 '원칙을 관계보다 절대적으로 우선하는 시스템과 문화'가 우리의 일상을 지배하고 있다는 사실이다. 이런 상황 속에서 관계는 가공할 속도로 파괴되고 있으며, 이렇게 단절된 관계는 그 회복이 매우 요원하다. 그러므로 "곰팡내 나는 공식을 버리고, 격식을 초월한 우정을 쌓아 가는 것이 백배 낫다." 이것이 하나님의 방식이다.[58]

무관심 때문이다

다른 사람들의 고통에 익숙해지면 안 된다. 타인의 고통에 대한 무관심으로 이어지기 때문이다. 이 세상에서 타인의 고통에 대해 무관심한 것만큼 불행은 없다. 그런데 이 불행이 우리의 현실에서 너무 흔하다. 이와 관련하여 대한민국을 경악케 한 사건이 발생했다.

"신경 쓰고 싶지 않아서 신고를 하지 않았습니다." 최근에 밝혀진 Y일병의 비참한 죽음과 관련하여, Y일병이 쓰러진 날까지 그가 무차별적 폭력에 시달리는 모습을 지켜본 사람은 한두 명이 아니었다. 하지만 어느 누구도 신고할 생각은 하지 않았다. 이는 병영이 일상화된 폭력에 얼마나 무감각, 무관심한지를 보여 준다. 타인의 불행에 대한 이 무관심은 모든 영역에서 21세기의 악성 세균이다.

그렇다. 20세기 최악의 세균이 불안이었다면, 21세기 최악의 세균은 무관심이다. 무관심의 영역이 더 깊고 더 넓게 심화·확산될 것이다. 무관심은 우리의 세심한 배려에서부터 정의의 분노에 이르기까지를 총망라한 관계의 메커니즘을 파괴한다. 관계의 메커니즘을 파괴하는 행위는 우리를 사회적, 공동체적, 관계적 존재로 창조하신 하나님께 대역하는 죄이다. 이 죄에 대해서조차 무관심한 것은 악(evil)이다. 이는 하나님께서 명하신 삶(live)을 반대로 사는 짓이자 "세상에서 가장 큰 악이다."(Elie Wiesel) 하늘 아래 인생이 제대로 된 삶을 회복하려면 무관심이란 악에서 벗어나야 한다. 그 유일한 길은 "내가 너희를 사랑한 것같이 너희도 서로 사랑하라."는 것이다.(요 13:43) 불안이 믿음으로 박멸되듯, 무관심은 사랑(아가페)으로 괴멸될 것이다.

외로움이 침묵할 수 없는 병이라면, 무관심은 주변의 모든 것에 대한 침묵의 병이다. 침묵이 폭력보다 더 폭력적이다. 폭력보다 침묵 때문에 파경에 이르는 결혼이 더 많다고 하지 않은가.

무관심은 타인의 말을 듣고자 하는 마음과 의도가 전혀 없음이다. 듣지 않으려고 발악을 하는 이 시대는 곧 믿음이 없는 시대이다.(롬 10:17) 믿음 없는 이 세상은 외롭고 소외당한 사람들의 절규와 개인주의의 무관심의 침묵이 만들어 내는 대혼돈이다.[59]

당신은 누구인가? 외로움에 절규하는 자인가, 무관심으로 침묵하는 개인주의자인가, 아니면 하나님과 세상에 깊이 경청하는 자인가?

나는 장비를 설치하기 위해 식사 테이블을 옮겨도 될지 허락해 줄 시설 관계자를 찾느라 분주한 가운데 가장 가까운 간호사실에서 물어볼 사람을 조용히 기다리고 있었다. 기다리는 동안 내 쪽으로 등을 돌리고 휠체어에 앉아 있는 한 숙녀를 보았는데 그녀의 머리는 거의 무릎까지 구부러져 있었다.

그녀는 오른손을 간호사실 카운터에 올려놓은 채 미동도 없이 앉아 있었다. 나는 그분께 이끌리듯 다가가 몸을 기울여 어떻게 지내느냐고 물었다. 반응을 기대하지 않았던 나는 그녀가 몸을 돌려 머리를 내 쪽으로 향하고 몇 인치나 얼굴을 들어 기쁜 마음을 내비치며 이렇게 말했을 때 숨이 멈출 것만 같았다."잘 지낸답니다! 내 이름은 애비가일이고 학교에서 교사로 일했지요." 그녀가 얼마나 오랫동안 자기를 알아봐 줄 사람을 기다려 왔는지 짐작할 수 있었다. 어디서든지 어떤 상황에서든 사람에게는 사람이 필요하다. 그렇지 않은가?[60]

— 캐시 웰치(미국 가수)

관계보다는 기능과 역할, 해결을 중시하기 때문이다

공동체적인 사람은 당면한 문제 해결보다는 관계 유지와 성숙을 더 중시한다. 그러나 개인주의의 희생양들은 해결을 위해 관계를 파괴한다. 상대를 기능으로 보고, 해결에 유용한 기능을 할 수 있을지에 대한 가능성으로 상대의 등급을 매긴다. 상대를 기능으로 보면 상호 관계가 파괴된다. 이는 불신과 경쟁을 불러일으켜 관계 맺는 법을 상실케 하여 결국은 외로움이 덫에 걸리게 한다.

이 현상은 교회의 목회에도 고스란히 반영되고 있는 실정이

태초에 관계가 있었다

다. 교회는 개인의 다양한 필요를 채워 준다는 명분과 교회 리더들이 정한 목적으로 성도들을 이끌어 가기 위해 다양한 프로그램과 시스템을 작동한다. 이 참석자들의 수를 가지고 행사 혹은 목회의 성공 여부를 가름할 뿐만 아니라, 이런 성공을 이끈 리더나 사역자들을 성공한 이로 인정하는 것이 작금의 기독교계이다.

우리는 미국의 어느 불신자 아버지가 교회 전도부 간사 사역을 시작하는 아들에게 한 다음과 같은 조언에 진심으로 경청할 필요가 있다.

"사람들을 프로젝트로 여기지 말고 사람으로 대하라."

관계 파괴를 막기 위해 필요한 것은 갈등과 위기를 보다 성숙하게 대처하는 것이다. 미국의 빌 클린턴 대통령은 1998년 모니카 르윈스키와의 부적절한 관계가 드러나 탄핵 직전까지 몰리게 되었다. 그런데 세인들에겐 '클린턴이 탄핵될 것인가?'라는 초유의 관심 외에 또 다른 관심이 있었다. 그것은 그의 아내 힐러리가 부적절한 행동을 한 남편과의 관계와 관련하여 과연 '어떤 선택을 할 것인가?'였다. 힐러리는 관계 유지를 택하였다. 그 선택이 신앙적이었는지, 전략적이었는지 간에 클린턴 부부는 딸 첼시와 함께하는 가정을 지킬 수 있었다. 힐러리는 당면한 문제에 감정적으로 대처하지 않고 관계의 유지와 성숙이라는 차원에서 이 난관을 극복하였던 것이다. 이후 힐러리 클린턴은 버락 오바마 정권에서 4년간 국무장관을 역임했다. 힐러리는 현재 미국에서 가장 사랑받는 정치인이자 세계에서 가장 영향력 있는 여성으로 주목받고 있으며, 가장 유력한 차기 미국 대통령 후보라는 데 이견이 없다. 역사에는 가정법이 존재하지 않는다고 하지만, 만약 힐러리가 남편과의 그 어려운 시기에 이혼했다면 과연 지금과 같이 세계적인 영향력을 행사할 수 있을까?

태초에 관계가 있었다

정체적 관계
1 + 1 = 2

내가 옳다는 것을 증명하기 위해 그와의 관계를 끊어야 하나 아니면 관계 유지를 위해 나를 포기해야 하나 이것이 문제로다.[61]

'벌거벗은 임금님'이란 이야기가 있다. 임금이 실오라기 하나 안 걸치고 말을 타고 가는데, 그 누구도 임금이 벌거벗었다고 말하는 자가 없었다. 진실을 말하기 두려웠을 수도 있을 것이고, 진실을 말한 후 발생할 일에 연루되는 것이 귀찮을 수도 있고, 또 다른 이유도 있었을 것이다. 그리하여 모든 사람이 쉬쉬하고 있을 뿐 아무도 진실을 말하지 않았다. 소위 '사이비 공동체'의 전형적인 모습이자 '전통에 찌든 공동체(conventional community)'의 모습이다.

창조 시부터 하나님은 개방적이고 솔직하며 진정이 담긴 (공동체적) 관계를 열망하는 마음을 인류에게 심어 주셨다. 그러나 인간은 진실을 말할 때 따르는 혼돈의 상황보다는 진실을 말하지 않는 사이비 평화를 택하였다. 사이비 평화를 택했다는 것은 '사이비 공동체'에 속해 있기를 작정했다는 의미다. "결혼 생활, 가족 관계 또는 친구들 사이의 교제가 모두 피상적인 차원에 머무는 까닭이 바로 여기 있다."(빌 하이벨스)

그리고 "그 누구도 '위험한' 얘기를 하지 않으려고 한다. 의견이 달라도 이야기하지 않고, 상처 입은 감정을 한사코 감추며, 좌절감을 드러내려 하지 않고, 까다로운 질문을 피한다. 사이비 공동체 구성원들 사이에는 '평지풍파를 일으켜선 안 된다. 분위기를 깨지 말라.'는 묵계가 형성되어 있다."[62]

이 묵계, 즉 암묵적 동의가 이 '사이비적 관계' 혹은 '사이비적 공동체'를 만들고, 사람들은 이 영역에서 가면을 쓴 정체(停滯)적 관계를 열심히 형성한다. 그렇지만 관계 파괴의 불안한 그림자를 피할 수는 없다. 관계 파괴의 불안 속에서 사람들은 '안정되고 건강한 관계'가 이 세상에서 가장 안전한 영역이라고 생각하며 건강하고 성숙한 관계를 갈망한다.

그러나 대다수는 성숙한 관계에 대한 무지와 미성숙이 초래하는 파괴적인 관계로 상처를 받는다.[63] 이 상처를 치유하지 못한 채 더 이상의 상처를 받지 않기 위해 결국 우리는 어정쩡한 정체적 관계만을 유지하게 된다. 이 관계는 체면치레와 형식적인 폐쇄성, 그리고 관계 유지를 위한 최소한의 의무로만 유지된다.[64]

다음은 정체적 관계의 예들이다.

- '언제 만나서 밥 한번 먹자'는 약속을 계속 주고받은 관계
- 감정적 교류가 단절된 부부
- 하나님에 대한 친밀감을 상실하고 의무적, 관례적으로 신앙생활을 하는 성도[65]
- 섬김의 영성이 사라진 성도의 관계, 의무적 관계들(직분, 직업)
- 애국심과 충성심이 사라진 군인 관계
- 학생들에 대한 사랑이 사라진 교사와 교사에 대한 존경심이 사라진 학생의 관계
- 서로를 소중하게 여기기보다는 꾹 참고 살아가는 남편과 아내
- 사랑 대신 동거를 선택한 부부의 결혼 생활[66]

정체적 관계는 가면을 쓴 관계이다

"우리는 자신의 삶과 존재 가치에 만족하지 않고 다른 사람들

앞에서 자신의 삶을 가장하면서 살고 싶어 한다. 그래서 다른 사람들에게 어떤 감동을 주려고 노력한다. 우리는 자신의 가상적인 존재를 꾸미고, 그 존재를 지키려고 부단히 노력하지만 진짜 자신의 존재에 대해서는 소홀히 한다"[67] 이 이중성을 소유한 우리는 조작된 완벽함을 가장하는 능력이 뛰어나다.

이 이중적인 정체적 관계에 처하면 대부분이 가면을 쓴다.[68] 그러나 가면을 쓰는 관계에서만 머물면 일상이 가면화되고, 심각한 경우 이중인격자, 더 나아가서는 다중 인격자가 될 가능성이 매우 높다.

유사 이래 인간이 만들어 온 문화는 가면의 문화이며 인간은 그 가면을 쓴 배우로 살아왔다. 문명이 발달할수록 더 많은 가면이 만들어지게 되었다. 인간은 그 많은 가면을 써야만 하고, 그래서 그만큼 많아진 역할을 감당하는 배우로 살아가야 한다. 정체적 관계에서 인간은 배우이며, 그 역할을 잘 해내는 것이 성공한 삶이 된다. 이렇게 조작된 완벽함은 가면에 불과하다. 물론 이 정체의 문화 속에서는 건강한 상호 관계는 상상할 수도 없다. 가면은 죄와 열등감을 감추려는 표현일 뿐이다. 가면을 쓰면 하나님과 멀어지며, 자신에게서 사람들이 떠나가며, 마지막으로 성숙과 발전이 없다.[69] 가면 쓰기는 결국 하나님과 나, 나와 사람들과의 관계 파괴로 이어진다.

또한 자기의 약함을 감추기 위해 가면을 쓰는 이들도 있지만 자신의 악함을 감추기 위해 가면을 쓰는 이들도 있다. 이런 경우 가면은 악한 사람의 위장된 모습으로 "증오를 덮고 있는 미소, 분노의 탈을 씌운 부드럽고 유한 매너, 그리고 불끈 쥔 주먹을 싸감고 있는 비단 장갑으로 표현된다."[70] 악한 이들은 위장의 전문가들이기 때문에 위장의 가면을 벗겨 내기는 불가능하다. 가면을 쓴 악한 이들은 "가려진 영혼 속에서 벌어지는 섬뜩한 숨바꼭질 놀이, 단 하나뿐인 인간의 영혼은 그 속에서 혼자서 치고받다 스스로 피하여 숨어"[71] 불행을 자초할 뿐이다.

건강한 관계를 형성하려면 우리는 먼저 가면을 벗어야 한다. 가면을 벗기 위해 우리의 약점과 악함을 인정해야 한다. 우리의 약점과 악함을 인정할 때에야 비로소 우리는 우리의 정체성을 되찾을 수 있다.[72] 이 정체성을 바탕으로 건강한 상호 관계를 형성할 수 있다.

> "상호 관계란 약점의 인정과 용서 및 성장에의 희망을 토대로 이루어질 때 비로소 참되고 견고한 것이 된다."[73]
> − 장 바니에

정체적 관계는 관계의 직면을 거부하고
도피한 관계이다

불편한 관계, 건강하지 못한 관계에 직면하게 되면 우리는 일단 그 관계를 회피한다. 그리고 가면을 쓰고 정체적 관계를 유지하는 것이 지혜로운 처신이라 생각한다. 이렇게 처한 현실을 직면하지 않고 도피하면 정체적 관계로 이어진다.

정체적 관계로 이끄는 도피에는 다양한 유형이 있다. 먼저 '공상과 망상으로 도피'가 있다. 자신의 처지는 백수이지만 공상 속에서 대기업의 회장이 되어 이를 누리고 즐기면서 현실을 도피하는 경우이다. 이 공상 속의 도피가 너무 길어지면 자신이 진짜 회장인 것으로 착각하고 현실에서 회장 행세를 한다. '가면으로의 도피'도 있다. 완벽함 모습을 보이려 가면을 쓰는 경우도 있고, 자신 내면의 상처와 약점, 흠 등을 가리기 위해 가면을 쓰는데, 이 역시 심해지면 가면을 쓴 자신을 진짜 자기로 착각하게 된다.[74]

정체적 관계는 관계를 파괴한다

상대의 마음을 상하게 할까 봐 솔직하게 말하지 않는 이들이 있다. 정체적 관계의 전형적인 모습이다. 이들은 건강한 관계에 대해서 잘못 알고 있기 때문에 결과적으로 건강하고 성숙한 관계를 파괴한다. 스스로 착하다고 생각하나 실은 약하고 악한 이들의 주변에는 늘 정체적이며, 위선적인 관계만 넘쳐 난다. 이들은 솔직하게 말해야 한다. 그것이 간혹 상대에게 상처를 안겨 줄 수도 있지만, 이 상처를 자연스럽게 받아들여야 건강한 관계가 형성된다.

그러나 솔직하게 말한다는 명분으로 상대에게 의도적으로 상처를 주고 악담을 하는 이들도 있다. 이들은 '솔직해야 한다는 명분'을 수단으로 타인을 조정하는 사람이다. 침묵으로 자신의 악함을 감추고 있는 나쁜 사람인 이들은 타인과 또는 타인의 문제에 개입하기 전에 성령께서 자신을 개입하시도록 자신의 마음을 열어야 한다. 자신에 대한 성령의 개입을 경험해야 자신의 타인에 대한 개입이 섬김이었는지 간섭이었는지를 알게 된다. 간섭은 타인을 조정하고 통제하는 가장 보편적인 수단이다. '솔직히 말하는 것'이 간섭이 되어서는 안 된다. 그건 관계를 파괴하는 대죄이기 때문이다.

'침묵은 금이다.'라고 하지만 악의적 침묵은 관계를 병들게 하는 또 하나의 관계 암이다. 악의적 침묵은 비가시적 폭력이다. '명분 있는 냉담'이기도하고, '지혜자의 탈을 쓴 냉혈적 이기주의'이기도 한 이 침묵은 그 어떤 폭력보다 잔인하다. 이는 관계를 건강하게 하는 침묵이 아니라 관계를 파괴하는 침묵이다.

생산적(성숙한, 친밀한) 관계
1 + 1 〉 2

관계 맺기에 서투른 현대인이 성숙한 관계를 형성하기는 쉽지 않다. 그러나 이 영역의 탁월한 전문가인 존 맥스웰이 제안하는 방법은 의외로 간단한다. 그냥 "당신의 문제를 내려놓고 다른 사람을 생각하면서 그들이 누구이고 무엇을 원하는지 이해해 보려는 의지가 있다면 다른 사람과 관계를 맺을 수 있고, 진정 누군가를 돕고자 한다면 관계 맺기는 좀 더 자연스럽고 덜 기계적인 것이 된다. 그저 관계 맺기에서는 다른 사람이 우선이라는 사실을 끊임없이 되새기기만 하면 된다."[75]는 것이다.

실제로 관계를 맺고 성장시키는 일은 모든 그리스도인에게 가장 큰 도전이다. 이는 하나님을 사랑하고 이웃을 내 몸과 같이 사랑하라는 그리스도의 명령이기 때문이다. 그러려면 서로서로 소통하려는 의지가 있어야 한다. 소통이 없으면 관계도 없고, 관계가 없으면 사랑도 없다. "우리가 사랑으로 진리를 말하고 모든 면에서 자라나 그분에게까지 이르러야"(엡 4:15)[76] 생산적 관계에 이를 수 있다.

생산적 관계는 친밀감을 바탕으로 한다

자동차의 연료가 휘발유이듯, 영혼의 연료는 친밀감이다. 친밀감은 사람들 사이에 흐르는 건강한 에너지이다. 이 에너지가 계속 유지되는 한 관계는 생산적이다. 생산적 관계는 친밀감을 형성하고 유지하려는 서로의 동의와 전략과 그 헌신의 결과이다.[77] 상대를 인정하고 협력하여 공동의 목적을 향해 에너지를 집중하는 생산적 관계를 유지하기 위해서는 각자의 건강한 심리와 함께 공동의 목표를 이루고자 하는 의지가 전제되어야 한다.[78]

생산적 관계는 시너지를 창출한다

모든 생산적인 관계는 협력하여 얻는 시너지로 관계를 파괴하는 장애물을 극복할 수 있으며 세상의 파괴적인 힘을 견뎌 낼 수 있게 한다. 성공하는 조직과 기업은 다 생산적인 관계를 기반으로 한다. 에릭 바인하커는 자신의 책《부의 기원(The Origin of Wealth)》에서 "성과가 좋고 적응력이 뛰어난 기업 문화에 대한 연구 결과를 보면 이들 기업은 몇 가지 공통점을 가지고 있다"고 주장하며[79] 이 공통점들을 모아서 10가지 규범의 범주로 분류하였다. 그리고 그는 이 규범들을 성과 규범과 협력 규범 그리고 혁신 규법 등 세 가지 범주로 나누었다.[80] 성공하는 기업이 지향하는 협력 규범은 기업과 조직의 성공은 생산적인 관계를 기반으로 한다는 것임을 잘 드러내고 있다. 건강한 조직과 기업은 건강하게 소통되는 생산적 관계의 결과이다.[81] 이 결과가 시너지이다.

스티븐 코비는 이 시너지에 대해 좋은 비유를 들어 설명한다.[82]

> 시너지는 자연 속 어디에나 존재한다. 만일 우리가 두 개의 식물을 서로 가까이 심어 놓는다면 그 뿌리들이 엉켜서 주위의 토양을 더욱 좋게 하기 때문에 이를 각각 따로 심을 때보다 훨씬 더 잘 자라게 할 수 있다. 또 우리가 두 개의 판자를 함께 포갠다면 각각 따로 지탱할 수 있는 무게보다 훨씬 더 큰 무게를 지탱할 수 있다. 이것은 전체가 각 부분의 합보다 더 크기 때문이다. 즉, 하나 더하기 하나는 셋 혹은 그 이상이 되는 것을 의미한다.[83]

생산적 관계를 이루는 관건은 건강한 소통이다. 소통이 잘 되면 형통이고, 소통이 안 되면 망통이다. 망통은 시도 때도 없이 갈등과 분열, 더 나아가 국가 간의 전쟁도 일으킨다. 망통의 관계와 조직에서 생산적 관계와 생산성을 기대할 수는 없다.

생산적 관계는 성숙한 관계를 전제로 한다. 성숙한 관계를 이루기 위해서는 건강한 상호 신뢰를 바탕으로 자신이 대접받고자 하는 대로 상대를 먼저 대접하며, 함께 선한 목적을 추구해야 한다. 우리가 성숙한 관계를 맺을 수 있으려면 '평생 지속되는 망통과의 전쟁'을 치르되 반드시 승리해야만 한다. 아니, 승리한다. 성숙한 관계는 하나님 나라의 운영 방식이기 때문이다.

영적 관계
$1 + 1 = \infty$(무한대)

    이 세상은 '영적 관계'로 살아가는 극소수와 그렇지 못한 절대 다수로 나뉜다. 영적 관계는 서로 사랑하고(아가페) 섬김으로써 기적을 경험하는 관계이다. 이러한 삶은 '삶의 경외'를 체험하기 때문에 행복하다. 그 일상은 늘 신비감과 감격의 연속이며 그 자체가 기적이다. 기적은 평범한 것을 뒤엎어 버리는 놀라운 일을 통해 우리 안에 하나님의 임재하심에 대한 갈급함을 샘솟게 한다.[84)]

    외부의 기적과 내부의 기적이 있다. 외부의 기적은 타인의 불치병이 치유되고 불가능이 가능해진 현상 등이라면, 내부의 기적은 내 불치병이 치유되고, 불가능한 내 내부의 문제가 해결되는 것이다. 또 관계와 관련된 기적, 즉 기적적 관계도 있다. 하나님께서는 당신의 자녀들이 영적 관계를 통해 기적을 경험토록 하신다. 성도들은 영적 관계를 통해 기적을 경험하는 특권을 누릴 수 있다.

사랑

영적 관계는 예수 안에서 하나님이 주도적으로 맺어 주신 아가페 관계이다. 이 영적 관계가 맺어져야만 아가페 사랑이 서로에게 흐르게 되며, 조건과 제한 없이 타인에게도 흘려보내게 된다. 아가페 사랑은 그리스도의 제자를 향한 특별한 명령이다. "주너의 하나님을 사랑하고, 네 이웃을 네 몸처럼 사랑하라', '내가 너희를 사랑한 것같이 너희도 서로 사랑하라. 너희가 서로 사랑하면 이로써 모든 사람이 너희가 내 제자인 줄 알리라."(요 13:34~35)

영적 관계를 통해 흘러 나간 하나님의 사랑은 기적을 가능케 한다. "이 사랑은 단순히 감정적인 것이 아니며 더욱이 말로만 이루어지는 것은 아니다."(요일 3:18) 요한의 말대로 이 사랑은 오직 '행함과 진실함'으로 하여야 한다. 실제적인 문제에 닥쳐서는 도움을 필요로 하는 자들에게 돈을 주거나 다른 물질적 도움을 줄 수도 있을 것이다.(요일 3:17) 우리의 사랑은 인종과 문화적인 차이를 초월하는 것이어야 한다."[85)

아낌없이 주고, 기쁘게 섬기며, 무조건 믿어 주며 서로에게 전적으로 헌신할 때 기적은 발생한다. 이 사랑의 관계에서 우리는 제한 없고 무한히 창조적인 존재가 된다.

바울은 이 아가페 사랑을 구체적으로 제시한다. 바울은 빌레몬에게 죄를 짓고 자신에게 도망 온 오네시모를 품어 사랑하고, 양육하고, 그가 죄짓고 도망 온 빌레몬에게로 파송한다. 아가페 사랑으로만이 관계 회복을 통한 영적 관계가 가능하기 때문이다.

바울은 빌레몬에게 오네시모를 보내면서 다음과 같이 간청한다. "네게 무익했던 오네시모를 받아들여라. 이제는 나와 네게 유익하다."(빌 11) 그리고 "그가 네게 해를 끼치면 내가 다 물어 주겠다."고 말한다.(빌 18) 사랑은 대신 청하고, 대신하여 책임지는 것이다. 사랑은 죄로 분리되었던 관계를 영적 관계로 회복시킨다.

은사

모든 인간은 자신의 가장 심오한 은사(恩賜)를 표현할 때 가장 행복한데(오스 기니스), 영적 관계에서 이 은사가 구체적으로 실천된다.[86] 은사는 헬라어로 카리스마(charisma)이며, 하나님의 은혜를 의미하는 카리스(charis)에서 파생되었다. 은사는 "하나님의 무한한 사랑을 받을 자격이 없는 이들에게 베푸시는 무상(無償)의 사랑에서 비롯되며, 그분의 은혜와 사랑으로 나타내는 선물을 의미한다.”[87]

은사는 하나님의 은혜로 주어진다. 하나님께서는 우리에게 은사를 주시되, 그 풍성한 은혜만큼 넘치고 넘치도록 주신다.[88] 은사는 하나님의 능력이다. 하나님은 우리가 타인을 섬기는 은사를 통해 자신을 우리에게 주신다.[89] 그러므로 우리가 그 은혜 가운데 관계 안에서 은사를 마음껏 발휘할 때, 하나님이 기뻐하시는 하나님의 기적이 우리의 일상 가운데 일어난다.

하나님이 사람에게 주시는 은사를 어떻게 나누든지, 핵심은 우리가 훌륭한 기독교 공동체를 만들어 갈 때 성경의 설계도에 따라 각자 은사를 발견하고 사랑으로 은사를 사용할 수 있다는 것이다. 이것이 실현되면 그리스도의 몸은 더 이상 비유가 아니다. 공동체로서 우리는 단순히 부분의 합이 아니라 그 이상의 힘을 발휘한다. 우리는 완전히 새로운 존재가 되어 성도와 세상을 향해 그리스도를 구현할 수 있다.[90]

영적 시너지

영적 관계는 영적 시너지(dunamis)를 창출한다. 이 시너지가 기적을 가능케 하는데, 그 절대적 요소는 사랑과 은사이다. 사도행전 3장에 등장하는 베드로와 요한은 기적적 관계를 이룬 대표적인 인물이다. 이 두 사도가 아가페 사랑으로 영적 관계를 형성하고 사도라는 은사로 섬길 때 하나님의 치유 능력이 흘러나가 장애우가 치유를 받은 것이다.

이 치유의 능력을 생명이라 부르는 래리 크랩은 영적 관계를 통해 흐르는 생명에 대해 다음과 같이 말한다. "한 영혼의 가장 참된 부분이 다른 영혼의 구석진 텅 빈 곳에 가 닿을 때, 즉 영적 관계라는 깊은 만남이 일어날 때 생명은 한 사람에게서 다른 사람에게로 전달되는 것이다."[91] 이렇게 흐르는 생명은 영적 관계를 통해 창출된 영적 시너지이다.

대부분의 사람들은 이 영적 관계를 이루기보다는 파괴적·정체적·생산적 관계를 형성하며 살아가고 있다. 누구라도 파괴적 관계와 정체적 관계를 벗어나려 노력할 것이다. 또 생산적 관계를 형성하고 있는 이들은 파괴적 관계나 정체적 관계에 있는 이들보다는 더 만족하고 행복한 삶을 살아갈 것이다. 인생의 목적이 이 땅의 우리만을 위한 것이라면 생산적 관계에서 오는 고질의 행복과 만족감 그리고 성취감만으로도 더 이상 바랄 것이 없을 것이다.

그러나 소망이 천국에 있고 이 땅에서 하나님의 일을 헌신하는 그리스도인의 관계는 그 차원과 격이 다르다. 그리스도인은 생산적인 관계에 만족해서는 안 된다. 영적 관계를 이루어야 한다. 그래야 하나님의 자녀에게 부여된 사명을 감당할 수 있기 때문이다. 그리스도인은 사랑과 은사를 통해 기적적인 관계인 영적 관계를 형성·유지·발전시켜나가야 한다.

영적 관계를 형성하고 사는 이들은 행복하다. 그 관계 속에서 기적과 '삶의 경외'를 체험하기 때문이다. 그 일상은 늘 신비감과 감격이자 모든 그리스도인이 마땅히 누려야 할 특권이다.

모든 관계는 ┄┄▸ 방향으로 발전되어야 한다.

Chapter

2

일반적 관계

모든 관계에는 목적이 있다. 목적이 없는 관계는 파괴된다. 그 목적이 나 또는 관계를 형성하고 있는 너와 나, 우리에게 있는 관계는 일반적 관계이다. 관계의 목적이 관계를 형성하게 한 하나님인 경우는 영적 관계이다. 관계는 '하나님과 단절된 자들의 '교제'이자, '나+너=우리'만을 위해 존재한다.

몇 년 전에 작은아들과 터키 카파토키아를 여행했다. 우리는 다른 관광객들과 한 팀을 이루어 일일 가이드 투어를 했는데, 독일 함부르크에 사는 30대 초반의 활발하고 매력 넘치는 여성인 실바와 친해졌다. 그런데 실바는 여행 중 순간순간 멍한 모습이었고 침묵하고 있을 때는 예외 없이 시무룩했다. 괴뢰메의 한 터키 전통 식당에서 저녁을 먹으며 물었다. "그 밝은 얼굴에 웬 어두운 표정?" 실바는 잠시 망설이더니 작심한 듯 말을 시작했다. 한 남자와 11년 동안 동거 중인데 결혼하자는 말을 안 한다는 것이다. 서로 사랑하는 건 분명하고 실바 자신은 상대의 프러포즈를 받아들일 만반의 준비를 하고 있는데, 동거남은 결혼에 대해서는 전혀 관심이 없다는 것이다. 나는 다음과 같은 말로 위로했다. "함부르크로 돌아가면 남자 친구가 곧 실바에게 프러포즈할 거야. 그러면 내게 알려주기 바라. 축하해 줄게." 이후 몇 번 이

메일을 주고받았지만, 프러포즈를 받았다는 소식은 늘 빠져 있었다.

실바와 같이 프러포즈를 기다리는 여성이 많다. 몇 년 동안 사랑에 푸욱 빠져 이 세상에서 가장 행복한 시절을 보내고 있는 내 제자인 혜수도 마찬가지 상황이다. 사랑을 하면 더욱 예뻐진다는 말을 증명이나 하듯이, 표정에서 행복의 빛이 아름답게 반짝이는 자매이다. 그런데 최근에 혜수의 표정이 별로 안 좋은 것 같아 내가 그 이유를 물어 보았다. "남자 친구가 결혼하자는 소리를 안 하네요." 혜수는 시무룩해지며 말했다.

주변에 서로 호감을 가지고 만나는 젊은 남녀가 있다. 만약 이들이 단지 호감 때문에만 만난다면 관계가 계속 유지될 수 있을까? 그렇지 않다. 분명한 목적이 있어야 이들의 관계는 발전될 것이다. 결혼이 목적이라면 함께 그 목적을 이루기 위해 동행하며 관계를 발전시켜 나가야 한다. 실바와 혜수는 사랑하는 사람과의 관계를 더 이상 발전시켜 나아갈 목적이 없기 때문에 표정이 안 좋은 것이다. 그렇다. 모든 관계는 명확한 목적에 집중할 때 성숙한 관계로 발전된다.

관계에는 세 가지 유형의 목적이 있다.

첫째, 관계 속의 나만을 위한 목적이 있다.

1970년대 어느 시골 마을에서 한 사람이 저수지에 빠트린 자신의 금반지를 찾기 위해 저수지 물을 다 빼낸 사건이 있었다. 자신의 목적을 달성하기 위해 자신의 속한 관계와 모든 걸 이용하거나 파괴하는 전형적인 모습이다. 그 적절한 예로서는 전리품을 숨긴 아간(수 7:1; 24-26), 바람둥이, 자신의 출세와 성공을 위해 관계를 이용하거나 파괴하는 자, 상속을 바라고 부모를 떠나지 않는 자녀, 입신양면하기 위해 모든 것들을 이용하는 커리어퍼슨(career person), 장사를 위해 교회에 등록하는 이들, 자신을 증명하기 위해 관계와 공동체를 희생시키는 여러 유형의 지도자들, 이권과 직위를 이용하여 갑질 하는 임원들과 공무원들 그리고 관료들과 정치인들, 하청업체를 노예 취급하는 기업들, 하급자를 성폭행하는 군 상급자 및 지휘관들, 독재자들 등등이 있다.

둘째, 관계를 형성하고 있는 당사자들을 위한 목적이 있다.

사도행전에 등장하는 아나니아와 삽비라 부부(행 5:1-10), 부부 이기주의, 가족 이기주의, 지역 이기주의, 각종 분파주의, 쿰란과 같은 극단적인 폐쇄 공동체들, 그리고 '다양한 형태로 존재하며 개방을 거부하는 조직들' 등이 대표적인 예다. 그러나 긍정적으로는 강력한 정신력과 탁월한 팀워크로 승률을 높이는 스포츠팀, 생산성을 높이기 위해 조직의 모든 구성원이 하나로 뭉치는 회사와 공장 등도 많다.

셋째, 관계를 형성케 하신 하나님을 위한 목적이 있다.

성경에 등장하는 바울과 디모데, 아굴라와 브리스길라 부부처럼(행 18:18; 고전 16:19) 그리스도의 제자로 살면서 일상 가운데 아가페 사랑을 살아가는 영적 관계와 조직이 있다. 가장 성숙한 부부인 아굴라와 브리스길라는 하나님께서 특별한 목적을 가지고 자신들의 관계를 허락했다고 믿고, 그 목적을 이루기 위해 헌신적으로 사역한 이들이다.

나는 아굴라와 브리스길라의 사이를 '영적 관계'라 하고, '나' 또는 '나와 너'만의 목적을 이루기 위한 관계를 일반적 또는 세속적 관계라고 부르고자 한다. '영적인 관계는 성숙한 영적 교제이지만, 일반적 관계는 타락한 인간의 죄성과 본성이 교묘하게 작동되는 비영적 교제이다. 이런 의미에서 '파괴적 관계', '정체적 관계', '생산적 관계' 등이 일반적(세속적) 관계에 해당한다. 먼저 이들 일반적 관계를 편리상 '관계'로 칭하여 살펴보자.

관계란?

관계는 하나님과 단절된 자들의 '교제'이다

"밥 한번 먹자." 40년 지기 박 사장으로부터 연락이 왔다. 박 사장은 중견 사업체를 건실하게 운영하고 있고, 가정적으로나 신앙적으로 지극히 평범한 가장이자 신앙인이다. 오랜만에 그를 만나 저녁 식사를 함께하며 많은 이야기를 나누었다. 그 친구는 "이 불황 속에서 하나님의 은혜로 회사가 잘 돌아가고 있으며 결혼한 딸은 행복하게 잘 살고, 아들은 곧 제대를 앞두고 있다."고 했다. "그런데 자네 처는?" "으음, 아내, 아내는⋯." 박 사장은 말끝을 흐렸다. "왜 처랑 아직 그대로니?" 나의 이 물음에 박 사장은 신음하듯 대답했다. "참 힘들어."

대략 30년 전, 내가 박 사장과 그 아내인 P 사이에 다리를 놓아 주었다. 자세히 말하자면, 당시 제대하여 직장에 다니는 청년이었던 박 사장이 내 여동생의 친구인 P에게 한눈에 반해 내게 소개시켜 달라고 졸랐고, 나는 P가 불신자라는 이유로 강력히 반대했다. 그러나 결국 P로부터 교회에 다니겠다는 약속을 받고 둘을 연결해 주어 박 사장과 P는 부부가 되었다.

결혼 후 몇 년간 P는 남편과 함께 신앙생활에 열심이었다. 그러나 교회가 분규에 휩싸이면서 이 사태에 직접적으로 연루된 남편이 일방적으로 잘못했다고 몰리는 상황에 이르게 되었다. P는 큰 상처를 받고 교회를 떠나 신앙을 버렸다. 그 사건 이후 이 부부의 관계는 결코 쉽지 않았다. 특히 겉으로만 맴도는 자신들의 관계를 어떻게 하든 제대로 잡아 보려고 박 사장이 꽤나 애를 썼지만, 그렇게 되질 않았다. 지난 20여 년간 아내와의 관계가 힘들 때면 박 사장은 나를 만나 그 하소연을 한다. "참 힘들어." 박 사장과 헤어진 후 귀갓길 내내 박 사장이 한 이 말이 내 마음을 짓눌렀다.

박 사장처럼 성숙한 관계를 맺고 유지하는 데 참으로 힘들어하는 사람이 많다. 관계에 참으로 허약한 존재가 인간이다. 그러나 인간은 늘 성숙한 관계를 열망한다. 인간은 관계적 존재로 창조되었기 때문이다. 성숙한 관계는 하나님과 인간의 성숙하고도 친밀한 관계라는 기반 위에서 가능하다. 그런데 죄로 인해 하나님과 인간의 관계가 파괴되면서 인간과 인간의 관계도 파괴되었다.

태초에 관계가 있었다

죄로 인해 하나님과 단절된 인간은 하나님과 대화의 통로인 영이 죽었고, 이로 인해 하나님이 보내시는 신호를 감지하는 기능을 상실했다. 주의 은혜로 구원받는 성도들은 영의 기능을 되찾아 하나님과 교제를 회복했으며, 타인과의 건강한 영적 관계를 회복했다. 그러나 영의 기능을 상실한 채 살아가는 이들이 대부분이다. 이런 이들의 관계는 '영이 죽은 자들의 교제'이다. 서로를 비인간화하기에 전혀 망설이지 않는다. 선임병들이 같은 내무반에서 동고동락하는 후임병을 그토록 잔인하게 학대하여 죽음에 이르게 한 짓이라든가, 동료 여고생을 성매매시키고 비참하게 살해한 짓, 더 나아가 중동에서 자행되는 인종 청소와 타종교인 학살 등도 영의 기능을 상실한 결과이다.

　의학적으로 '미아스테니아 그라비스(Myasthenia Gravis) 장애'가 있다. 뇌에서 보낸 신호에 몸의 근육들이 반응할 수 없는 증상을 말한다. 정상인의 경우에는 뇌가 근육에 수축하라고 명령을 내리면 신경들을 따라 전기적 충격을 보내게 되고, 그러면 말초 신경 중추에서 그 충격들을 받아 근육에 전달한다. 그런데 미아스테니아 그라비스 장애 환자에게는 이 말초 신경 중추가 없기 때문에 근육은 그에 반응하지 못하고 기능을 상실하게 된다.[92] 이는 영의 죽음으로 말미암아 인간 본성에 어떠한 일이 나타나는지를 잘 나타내 준다.

　"영은 바로 말초 신경 중추의 역할을 한다. 영은 하나님께서 보내신 신호를 받기 위한 것이다. 그러나 인간이 죄를 범하였을 때 이 말초 신경 중추가 죽었다. 그러므로 여전히 신호가 계속될지라도, 그리고 지금도 변함없이 하나님께서 말씀하고 계실지라도 인간은 신호를 받지 못해 그의 영적인 생명일 시들어 버리는 것이다."[93]

하나님과의 관계 단절로 '책임 전가(창 3:13)와 도덕적이고 심리학적인 부패(약 1:17)'를 초래하고 이로 인해 '무책임한 비겁함과 거짓말, 질투, 미움 그리고 그 밖의 다른 모든 악이 인류에게 전승'된다.[94]

> 이러한 하나님과의 관계가 단절되었을 때에는 무책임한 비겁함과 거짓말, 질투, 미움 그리고 그 밖의 다른 모든 악이 인류에게 전승된다. 그러나 문제는 여기서 그치지 않는다. 개인적인 부패는 사회적인 부패와 필연적으로 결합되어 있다. 이 타락의 또 다른 결과는 갈등이다. 마지막으로 인간의 죽음이다. 영의 죽음은 혼을 죽이고, 결국엔 인간 본성의 나머지 부분인 몸이 죽는다. 죽음은 우주적이다. '모든 사람이 죄를 지었으므로 사망이 모든 사람에게 이르렀느니라.'(롬 5:12)[95]

이렇게 하나님과 단절된 이들의 관계에는 치명적 증상이 있으며, 그 궤도가 근본적으로 수정되지 않는다면 결과는 관계 파괴이다. 관계 파괴는 일상 중에 증오, 시기 질투, 친밀감 상실, 책임 전가, 도덕적이고 심리적 부패, 이기적인 마음이 원인으로 끝없이 반복되는 갈등, 애정 결핍, 이혼, 부자간의 관계 단절, 원수 맺음 등으로 나타난다.

관계는 '나＋너＝우리'만을 위해 존재한다

죄는 하나님과 우리 사이의 친밀감을 파괴하고, 우리들 사이의 영적 관계를 파괴하여 결국에는 파괴적 관계에 이르게 한다. 이런 이유로 인간의 정체성은 '관계가 단절된 존재'이다. 이 타락한 정체성을 소유하게 된 우리는 '성숙하고 건강한 우리'라는 자격으로 관계할 수 없는 자다. 우리는 늘 '우리'라는 공동체성을 강조하지만, '우리' 속에서 '나' 또는 '너'가 우선되기에 '우리'라는 관계는 항상 파괴의 대상이다.

'나'와 '너' 사이에서 '나'를 강화하거나 '나'를 약화한다든지, 또는 '너를' 강화하거나 '너'를 약화하는 행위는 '우리성(性)'을 파괴하는 행위다. '우리'라는 관계 속에서도 '가면 쓰기'는 계속되고, 한쪽으로 치우치는 관계는 상처와 한을 남기는데 이 상처와 한은 관계의 영원한 미성숙이다. 이 상처 때문에 보다 성숙한 관계에

도달하고자 하는 우리의 갈망이 소멸될 수도 있다.

또한 어떤 형식이든 '우리'가 목적이 되면 소위 '우리 이기주의'에 빠지게 된다. 개인주의도 죄이지만, 일견 공동체적인 듯 보이는 '우리 이기주의'를 포함한 집단 이기주의도 죄이다. 어떤 상황에서도 '우리'의 목적은 하나님의 뜻을 이루는 것이어야 한다.

'나와 너'의 '하나 됨'으로 서로만을 위해 잘해 보자는 '우리 이기주의', 더 나아가 '우리 중심주의' 또는 '우리 주도주의'는 결코 바람직하지 않다. 너와 내가 힘을 합쳐 세력을 규합하고, 권력을 키우고, 다스림의 장을 넓히자는 심리인데 그 저변엔 늘 이해타산이 자리 잡고 있으며 모든 에너지가 '우리 이기주의'를 위해 집중된다. 배우자 중심으로 사는 부부들이 배우자에게만 모든 에너지를 집중하면 배우자가 우상이 되어 타인과의 관계가 허약해지기 쉽다. 또 가정의 에너지가 아이에게 주로 집중되기 쉬운데, 이렇게 되면 자녀가 우상이 되어 그 관계가 건강하지 못하다. '우리의 힘으로 해내자'고 하나 되어 외치며 모든 에너지를 바벨탑 건설에 투자했던 결과는 총체적인 관계 파괴였다(창 11:1-9)는 바빌로니아 사람들의 얘기는 우리에게 마음 깊이 새길 중요한 교훈을 준다.

관계

나와 너의 에너지가 '나와 너' 안에서 소모되고 고갈된다.

위의 바벨탑 건설자들(창 11:1-9)뿐만 아니라 사도행전에 등장하는 아나니아와 삽비라 부부(행 5:1-11), 현대의 부부 이기주의자와 가족 이기주의자 그리고 다양한 유형의 집단 이기주자가 좋은 예다.

'나와 너'의 '하나 됨'으로 서로만을 위해 잘해 보자는 심리 이면에는 매우 부정적인 면이 있다. 그것은 내게 힘이 되지 못할 때는 '너'를 언제든지 버릴 수 있다는 심리다. 오합지졸로 모이고 흩어지기를 반복하는 저질 정치인들의 심리야말로 아주 적절한 예다.

관계의 특성

관계는 나를 중심으로
너를 조종하는 부정적인 성향이다

나는 늘 결혼 올림픽을 상상한다. 결혼해서 10년을 살아 낸 부부에게는 동메달, 20년을 산 부부에게는 은메달, 30년을 살아 낸 부부에게는 금메달을 주는 것이다. 올림픽과 달리 다이아몬드 메달도 있다. 결혼하여 40년 이상을 살아오신 부부들께 드리는 것이다. 그렇다면 결혼하여 함께 반백년 이상을 살아오신 부부들께는 무슨 메달을 드려야 할까. 그건 성자의 메달이다. 50년 이상을 함께 부부로 산다는 것은 성자만이 해낼 수 있는 위대함이기 때문이다.

그런데 성자의 메달을 딴, 결혼 성자들도 부부 싸움을 한다.

가장 가까운 사람끼리 관계의 상처를 주고받을 수밖에 없다는 소위 '관계의 역설'이 그 까닭이다. 부부 싸움은 기 싸움이고 상처는 그 결과이다. 기 싸움은 누가 상대를 조종하느냐의 싸움이다. 성자도 기 싸움을 한다.

상대를 조종하고자 한다면 그는 영이 죽은 사람이다. 영이 죽은 사람들이 삶을 살아가는 동기는 죄 덩어리인 본능이다. 본능에는 서로를 향한 배려와 인정이 존재하지 않는다. 본능은 나를 위해 너를 지배하고 조종하려는 욕망이 늘 활화산처럼 타오르게 하여 모든 것을 왜곡시킨다. 그래서 예배의 대상인 하나님과 섬김의 대상인 이웃을 이용하여 자신의 욕망을 충족시키기까지 한다. 그리고 우리 자신까지도 억압한다.

> 관계는 또한 우리를 억압할 수도 있다. 우리는 너무 의존적이거나 소유욕이 너무 강해질 수 있다. 관계를 조작하거나 관계로 인해 조작당할 수 있다. 개인의 가치, 좋은 점 혹은 사랑스러움에 대한 감각은 다른 사람들의 확인을 조건으로 삼게 될 수 있다. 그런 일들이 일어난다면 자유가 손상당하고 있는 것이므로 중독되었다고 여겨도 될 것이다. 우리 개인의 소중함과 가치, 사랑하고 사랑받을 수 있는 능력, 우리의 궁극적 돌봄과 보호는 모두 하나님이 우리에게 생득권으로 주신 것이다. 이런 특징들을 다른

사람들로부터 이끌어 내고자 하는 강박을 느낀다면 무언가 잘못된 것이다.[96]

"사람에게서 자신의 욕망을 채우려고 애쓰는 한 우리는 필연적으로 실망을 겪을 수밖에 없다."[97] 서로 섬기고 사랑해야 할 우리들이 오히려 서로를 조정하고 통제하려는 심리는 인류 스스로의 힘으로는 극복할 수 없는 비극이다.

'너를 조정하고 통제하려는 부정적 성향'들은 다음과 같다.

'너'를 통제하려는 성향

꽤나 오랜 세월 신앙의 여정을 잘 달려 온 크리스천 사역자 중에서도 자기가 모임을 주도하고 타인을 통제하지 못하면 모임에 협력하지도 않고 다른 이들과 잘 어울리지도 않을 뿐만 아니라, 심한 경우엔 자기가 속한 집단과 동료들에 대한 비난을 주저하지 않는 이들이 적지 않다. 이들은 자기가 통제하지 못하면 매사에 불만을 터트리며 부정적인 행동을 한다.

우리의 죄성은 하나님을 사랑하기보다는 하나님이 되는 것을 더 쉽게 하고, 사람들을 사랑하기보다는 사람을 통제하는 것을 더 쉽게 한다.[98] 그러나 우리가 타인을 통제하려는 필사적 갈망은 환상일 뿐이다. 타인에 대한 통제를 꿈꿀 바엔 차라리 "하나님

태초에 관계가 있었다

과 사랑을 주고받는 관계를 만들어 가는 것이 훨씬 낫다."[99]

예수님으로 인하여 모든 구속으로부터 해방된 그리스도인은 열린 인생을 살아가며 이웃을 섬기고 사랑하는 용기 있는 사람이다. 그러나 "일정한 거리를 유지하고, 다른 사람을 지배하고, 일정의 방어 체계를 만들어 그 안에 자신을 가두는" 이들은 결국 자신을 개방하지 못하고 닫힌 인생을 살아간다.[100]

'너'를 이용하려는 성향

극단적인 경우에는 관계에 대한 집착으로 표출되기도 하는[101] '너를 이용하려는 성향'은 '너를 수단화하는 성향'이다. 너를 이용하여, 너를 희생시켜, 또는 너를 소모시켜 나를 이루고자 하는 욕망, 이는 참으로 가증스러운 죄이다. 나를 위해 너를 유용하려는 성향은 너의 가치를 하락시키는 비영적인 행위로서, 인류를 섬기러 오신 예수의 영성과 사역(막 10:42-45)과는 반대가 되는 행위이다.

우리는 남을 깎아내릴 때 흔히 "맞아. 그는 남을 기막히게 이용해 먹는 인간이지!" 하고 말하지만, 자신을 정직하게 살펴보면 어떤 면에서 우리는 부버의 지적대로 모두 남을 이용하며 살아가고 있다. 우리가 필요로 하는 사람을 위해서는 얼마든지 시간을 낼 수 있지만, 우리가 원하는 것을 전혀 갖지 못한 이들에게 할애할 시간은 없다. 우

리는 현금 인출기와 자동판매기에 너무 익숙해져 사람들을 그런 식으로 대하기 쉽다.[102)

마틴 부버에 따르면, 우리는 "인간관계를 맺을 때 상대방이 우리와 똑같은 독립된 인격체라는 사실을 까맣게 잊어버리고 그를 '그것'으로 객체화시킨다." 이렇게 되면 "'나와 그것의 관계'가 성립되고 상대방은 나의 목적을 이루는 수단이"되는 것이다.[103)

다음은 상대를 '그것'으로 간주하는 몇 가지 사례이다.

- 인사말도 건네지 않고 불쑥 비서에게 일거리를 던져 놓고 사라진다.
- 직원 모임을 가질 때 마치 그들이 생명이 없는 물체인 양 조직체의 각 분야에 배치시킨다.
- 권위의 자리에 앉아 있는 사람들을 마치 물건처럼 다룬다.
- 아내나 자녀들을 꿈이나 자유, 자율성 없는 존재처럼 취급하고, 그들이 내가 생각하는 삶을 살아주기를 바란다.
- 다른 사람이 나와 정치적 견해가 다를 때는 적으로 생각한다.

> ―사람들을 교회로 끌어들일 속셈으로 그들의 문제에 귀를 기울이며, 그들의 허드렛일을 도와준다.[104]

'너'를 '나'로 포함하려는 성향

인간은 자신의 욕구를 채우기 위해 타인을 억압하고 지배한다. 이렇게 되지 않으려면 "상호 인정을 통해 보편성과 보편적 자기의 의식을 창출해야 한다."[105] 제2차 세계 대전 당시 미 해군에서는 매우 심각한 문제를 해결하기 위해 심리학자에게 연구 용역을 맡겼다. 당시 미 해군 잠수함은 15명 이내의 해군이 한 번 항해 시 3개월 동안 좁은 공간에서 생활해야 했다. 그런데 승조원 각자의 독특한 행동 패턴을 서로가 이해하지 못해서 발생하는 많은 갈등 등이 전투력에 실질적인 손실을 가져왔다.

이 문제를 해결하기 위해 미 해군은 저명한 심리학자 윌리엄 슐츠[106]를 초빙했다. 잠수함 내에서 단체 공간 및 시설, 또 개인 공간을 어떻게 배치해야 승조원들이 서로에게 가장 우호적이며 생산적 관계를 유지할 수 있는지 방안을 찾는 것과 관련된 것이었다. 임상 연구 후, 슐츠 교수는 "사람들은 상호 관계에서 3가지 유형이 복합적으로 어우러져 행동한다."는 결론은 내렸다.

첫째, '영역형'(inclusion) : 자신이 초대한 사람이 자신의 영역 안에 들어올 때만 이들은 적극적인 환대와 투자와 섬김과 좋은 분위기 연출을 위해 모든 것을 아까워하지 않는다. '자신이 모든 계획을 짜고, 돕고, 투자하는 사람들'이 속한다. 이 유형에는 자기 영역에 모든 사람을 다 초대하는 유형과 선별적으로 초대한 유형이 있으며, 또 다른 사람의 초대에는 무조건 응하지 않은 유형과 다른 사람들의 초대에 선택적으로 응하는 유형이 있다.

둘째, '통제형'(control) : 이 유형의 사람들은 다른 사람에게 영향을 주기 위해서는 최대한 투자하고 노력하지만 다른 사람들로부터의 영향을 받기는 싫어한다.

셋째, '우호형'(affect) : 나도 다른 사람과 쉽게 관계를 맺고, 다른 사람도 나에게 쉽게 관계를 맺게 하는 사람들이 여기에 속한다.

슐츠 교수는 위의 세 유형으로부터 32가지 행동 패턴을 찾아냈다.[107] 그의 연구 결과에 의하면, 각기 다른 행동 패턴을 가진 이들이 자기 식으로 관계를 형성하고 유지하면 상대는 어려워한다. 상대에 대한 자기 방식의 접근 방법과 상대의 행동에 대한 주관적인 이해가 서로에게 갈등으로 악화되면 관계를 발전시키지 못하고, 정체적 관계와 심지어는 파괴적인 관계에 이르게 한다. 서로에게 우호적이며 생산적 관계를 유지·형성하기 위해서 서

태초에 관계가 있었다

로의 행동 패턴을 이해하고, 매우 세심하고 전략적인 접근이 필요하다.[108]

'너'를 '나'로 포함하려는 성향은 상대의 인격과 자유를 구속시키는 전형적인 패턴이다. '너'는 항상 나의 결정에 동의해야 하며, 나의 말에 순종해야 하며, 항상 내 편이어야만 하며, 내게 순종해야만 한다는 것이다. '너'를 내게 포함시키기 위해 나는 얼마나 막대한 에너지를 소모하며 발버둥을 치고 있는가. '너'를 내게 포함시키기 위해 나는 얼마나 비영적인가!

교회 및 일반 조직을 컨설팅해 온 필자가 그간 이 영역에서 경험한 것을 통해 볼 때, 관계 형성과 유지 및 발전의 과정에서 사람들은 일반적으로 세 가지 유형의 자세를 취한다.

> 첫째는 수동형으로 관계 형성과 유지·발전 심지어는 관계 파괴에 이르기까지의 전 과정에서 상대가 이끄는 대로 따르는 자세이다.
> 둘째는 주도형으로 관계의 전 과정을 자신이 주도해야 하는 유형이다. 자신이 관계를 주도할 때 행복하고 기쁘며, 이를 위해서는 모든 노력과 에너지를 투자한다. 그러나 상대가 주도할 때는 수많은 갈등과 문제를 유발하며, 늘 그 관계는 금이 가 있으며, 대부분의 경우 관계가 파괴된다.

> 셋째, 화해형으로 평화형이라고도 한다. 관계 당사자들이 서로의 인격과 의견 그리고 행동 패턴을 존중하며 조화를 이루는 형이다.

관계 속의 최소한 한 사람은 섬김의 리더십과 지혜, 함께함을 소중히 여기는 마음이 있어야 그 관계가 파괴되지 않는다. 성경은 화해형(평화형)이기를 명한다. 모든 관계의 막힌 담을 허시기 위해 화평으로 오신(엡 2:14) 예수께서는 "우리가 화평을 이루는 자요, 그 사신이 되어야 한다."(고후 5:17-21)고 명하신다.

관계에는 그 형성과 유지에만
집중하려는 우상성이 있다

파괴적 관계에서 생산적 관계로 발전시키려는 노력은 참으로 가치 있다. 관계를 성숙시켜 나아가야 삶의 질을 높일 수 있다. 그러나 자신들의 관계만을 위해 집중하며 모든 에너지를 투자하는 것은 우상성이다. 풍자가 쿠르트 보네구트가 사용했던 '듀프라스'라는 단어가 있다. "듀프라스는 두 배우자가 서로에게 집중되어 있어 아무도, 심지어 자녀들까지도 그 친밀함을 함께 나눌 수 없는 관계를 말한다."[109] 자신들에만 집중하는 관계인 듀프라스와 그 조직은 분명 폐쇄적이며, 그 결과는 참담하다.[110]

반면 건강한 관계는 서로가 더욱 영적 관계로 되어가는 동시에 타인을 축복하게 된다. 역시 쿠르트 보네구트가 사용했던 '카라스'라는 단어가 있다. "카라스는 밀접하게 맺어진 사랑의 유대이지만, 그 경계선에 침투성이 있어 다른 사람들이 자유롭게 들어와 그 사랑을 공유할 수 있게 되는 것을 말한다." 그러므로 "행복하고 성숙한 결혼 생활은 부부의 사랑을 초월해서 자녀들과 가정 밖에 있는 사람들을 보살피는 행위로 넘쳐 흐른다."[111]

건강하고 성숙한 관계를 유지하고 발전시키기 위해서는 그 관계에 내재된 폐쇄적 문화와 폐쇄적 누림(그들만의 행복)을 제거하고 에너지를 밖으로 흘려보내는 데 최선을 다해야만 한다.

> 부모와 자녀의 관계이든, 남편과 아내와의 관계이든, 연인과 친구들, 혹은 공동체 내 성원들 사이의 관계이든 모든 인간관계는 전체로서 그리고 각각의 개인으로서 인류에 대한 하나님의 사랑을 표현하는 데 그 목적이 있습니다. 이것은 매우 특이한 관점입니다. 그러나 그것은 예수님의 관점입니다. 예수님은 이렇게 말씀하십니다.: "내가 너희를 사랑한 것같이 너희도 사랑하라. 너희가 서로 사랑하면 이로써 모든 사람이 너희가 내 제자인 줄 알리라."(요 13:34-35)[112] – 헨리 나우웬

관계는 관계 당사자들의 내면 속
쓴 뿌리가 작동된다

　사람들이 다른 사람들과 교제하기를 원하는 것은 혼자 남게 될까 봐 두렵기 때문이며, 타인과 함께 있고 싶어 하는 이유는 외로움을 참지 못하기 때문이다.[113] 그러나 이전의 관계에서 부정적인 경험을 한 그리스도인도 다른 사람들과 교제를 통해 어떤 도움을 얻을 수 있기를 바라지만 대개는 실망하고 만다.[114] 이러한 부정적 경험으로 인해 관계는 '나'가 '너'를 완전히 용납할 수 없기 때문에 항상 관계 속에 부족과 불만을 남긴다. 이 관계는 나를 중심으로 너를 지배하는 관계이므로 나의 이익을 위해 너를 이용하며, 항상 지배자와 피지배자가 공존한다. 관계 속에서의 모든 강압적인 희생은 '쓴 뿌리'를 남긴다. 쓴 뿌리는 자신을 괴롭힐 뿐만 아니라 타인도 괴롭힌다.

　쓴 뿌리가 작동되면 관계에 직간접적으로 연관된 이들은 지속적인 관계 파괴에서 벗어나지 못하게 된다. 쓴 뿌리가 작동되는 심리적인 장애를 제거하지 않으면 성숙한 관계를 기대할 수 없다. 심리적인 장애를 제거하지 않으면 자기 자신을 받아들일 수도, 충만하게 '느낄' 수도, 다른 사람을 받아들일 수도 없기 때문이다. 그러나 현대인은 대인 관계에 그토록 어려움을 느끼면서도 감정 조

절이 개인의 성숙도에 달려 있음을 깨닫지 못하는 것 같다.[115]

관계는 외로움에 기댄 사람들의 교제이다[116]

누군가 테레사 수녀에게 여태까지 본 중 최악의 질병이 무엇이냐고 물었다. "그건 외로움입니다." 캘커타의 테레사 수녀는 답했다.[117] 그렇다. 외로움은 모든 병의 근원이자 최악의 병이기도 하다.

"목사님께서 외로움을 극복하고 결혼하라 하신 말씀의 뜻을 그때는 몰랐었습니다. 그런데… 결혼 10년이 지나는 지금에서야 그의미가 마음 깊숙이 내려앉네요. 목사님 솔직히… 남편과의 관계가 너무 힘들어요. 참아도 참아도 끝이 없네요. 기도해 주세요."

얼마 전 페이스북을 통해 미진 자매와 10년 만에 연락이 닿았을 때, 미진 자매가 내게 보낸 메시지이다.

미진 자매만 생각하면 마음이 아프다. 시쳇말로 골드미스이던 미진 자매는 10년 전 결혼 문제로 나를 찾아왔었다. 간단히 말하면, 자신의 이상형을 만났는데 주변 사람들이 그 사람과의 결혼을 심하게 반대해 참으로 힘들지만 자신은 결혼을 결심했다는 것이다. '더 이상은 외로움을 못 이기겠다.'는 것이 결혼의 이유 중하나였다. 결국 자신의 결정에 대해 누군가의 동의가 필요한 자신의 심리적 욕구를 채우려고 나를 찾아온 것이었다. 이 사태를 너무도 잘 알기에 나로서는 별로 할 말이 없었다. 늘 침착하며 공손했고, 말하기보다는 남의 말을 잘 경청하는 자매였는데 이날은 자기 이야기만 했다. 그런 후 돌아갈 때가 되어서야 결혼을 앞둔 자신에게 필요한 한 말씀을 해 달라고 부탁했다. "이왕 할 결혼이라면 결혼 전에 외로움을 극복하세요." 나는 이 말을 아직도 선명하게 기억하고 있다. 미진 자매는 그러겠다며 자리를 떴지만, 내 말을 전혀 새겨듣지 않은 것이 분명했다.

외로움은 관계를 병들게 한다

연애는 외로운 이들의 만남일 수 있으나, 결혼은 외로움을 극복한 자들의 아름다운 동행이다. 외로움은 관계의 고통에 큰소리로 비명을 지르는 반면, 성숙은 관계의 고통을 성숙한 관계를 위한 대가 지불로 생각한다. 외로움은 관계를 병들게 하여 파괴시키지만, 성숙은 관계를 고차원으로 승화시킨다.

외로움을 극복하지 못하고 결혼한 미진 자매는 외로움에 기댄 결혼을 했던 것이다. 외로움은 관계에 병적으로 집착하게 하기 때문에 관계를 건강하게 유지하기 위한 적극적인 헌신, 예를 들어 상대를 끝까지 배려하고 품으며, 관계를 고차원으로 성숙시키기 위한 대가 지불 등을 기대할 수 없다. 그렇기에 미진 자매는 결혼 생활 내내 관계의 고통에 신음하며 비명을 지르고, 급기야 파괴적 관계로 치닫고 있었던 것이다. 만약 미진 자매가 외로움을 극복하고 어느 정도 성숙한 상태에서 결혼했다면 관계의 고통을 성숙한 관계를 위한 대가 지불로 여기고 그 관계를 고차원적으로 승화시켰을 것이다. 그리고 남편의 성숙 혹은 미성숙과 관계없이 행복한 결혼 생활을 영위했을 것이다. 결국 미진 자매가 결혼 안에서 겪는 문제의 핵은 스스로의 외로움을 극복하지 못한 것이었다. 이렇듯 외로움은 한 개인뿐만 아니라 전 인류가 스스로 극복할 수 없는 치명적인 바이러스다.

사람들은 암과 같은 중병인 외로움에 신음하다 지친 나머지 자신의 외로움이 사라질 것이라는 기대를 품고, 미진 자매처럼 누군가를 만난다.[118] 그러나 이렇게 되면 "우리는 채워지지 않고 실제적이지도 않는 하나 됨과 내적인 평안과 끊이지 않는 교제를 경험하고자 하는 갈망을 품은 채 서로를 비난하게 된다."[119] 그리하여 "이렇게 서둘러 맺어진 관계 속에서 수많은 언쟁과 싸움, 비난과 그에 대한 맞비난, 터트리거나 그냥 눌러 버린 많은 분노의 순간들과 털어놓거나 털어놓지 않은 질투의 순간들이 자리를 차지하게 되는 경우가 많다."[120] 외로움에 기댄 관계의 전형적인 현상이다.

외로움은 인간 고통의 가장 보편적인 원인 중 하나이다

이 고통은 이 시대의 모든 영역에 만연되어 있는 병이자[121] 또한 많은 병의 주원인인 것은 분명하다. 한 예로, 외로움은 심장병을 일으키는 주요인이자 주요 사망 원인 중의 하나이다.[122] 또 외로움은 신체적, 감정적, 영적으로 해를 끼칠 뿐만 아니라 실제로 우리를 죽음으로 몰고 갈 수 있다.[123]

하버드 의대 연구진이 수천 명의 평생 건강과 행복에 대해 수행한 연구가 비슷한 결과를 보여 준다는 사실에도 놀랄 필요가 없다. 가장 행복하게 사는 사람은 부유하거나 많은 것을 성취한 사람이 아니다. 연구 결과는 행복을 좌우하는 가장 큰 연결 고리는 평생 편하게 지내는 친구가 있느냐 없느냐 하는 사실임을 일관되게 보여 줬다. 반면 외로움은 질병과 관련이 있었고 전염병처럼 다른 사람들에게 순식간에 퍼져 나갔다. 결국 연구진은 인간의 정신 건강과 행복을 위해 가장 중요한 것은 편안하고 친밀하며 긴장을 풀 수 있는 교우 관계라고 설명했다.[124]

현대인은 자신의 단점과 허점을 감추는 위장에 능하며, 전략적인 허풍에 매우 능수능란하다. 외로움을 아주 민감하게 느끼도록 하는 이 사회는[125] 외로움을 감추고 위장하는 문화가 가장 화려하고 세련되게 발달되어 있다. 우리 모두는 현대의 세련되고 화려한 치장의 문화 그 뒷면에 깊숙하게 숨겨져 있는 외로움의 신음에 너무 친숙하다. 그 신음이 바로 우리의 것이기 때문이다. 외로움은 그 뿌리가 너무 깊어 "낙관적인 선전, 사랑을 대체하는 이미지들이나 사교 모임으로는 해결할 수 없는" 절대적인 고립감이다. 외로움의 뿌리는 의심을 먹고 자라고,[126] 외로움은 우리 문화를 고통을 피하는 데에서는 가장 세련되게 만들며,[127] 우리를 매우 분주하게 만든다.[128]

외로움에 기댄 관계는 결국 파괴된다

대부분의 미성숙하게 시작된 관계가 그렇듯이, 미진 자매처럼 우리가 외로움을 못 이겨 다른 이에게 기댄다면 "결국 우리가 맺는 관계란 서로를 지치고 피곤하게 만들며 우리의 포옹으로 상대방을 옥죄는 관계가 돼 버린다."[129] 이 경고는 '우리의 외로움에 기댄 관계는 결국 파괴되고야 말 뿐이라는 사실'을 예언한다. 외로운 이들이 흔히 시도하는, 자신이 생각하는 이상적인 사람, 이상적인 모임, 이상적인 공동체를 찾으려는 노력은 우리의 외로움에 기대는 현상을 더욱 심화시킨다.

장 바니엘은 "우리는 이상적인 공동체를 찾으려고 해서는 안 된다."고 말하며 성숙한 대안을 제시한다.[130] 그것은 지극히 평범하고 익숙하여 더 이상 매력이 없을 듯한, 바로 우리 곁에 있는 이들을 사랑하는 거다. "그들은 하나님의 표징이다. 우리라면 다른 사람들, 더욱 사랑스럽고 총명한 사람을 선택했을 수도 있다. 그러나 하나님이 우리에게 보내신 이들, 그분이 우리를 위해 선택해 주신 이들은 바로 곁에 있는 사람이다."[131]

이상적인 관계를 형성하기 위해 이상적인 사람을 찾지 말고, 하나님이 우리 곁에 데려다 놓으신 사람을 사랑하는 것이 우선이다. 하나님이 우리를 위해 선택해 주신 사람을 사랑하는 것이 건강한 사람들이 적극적으로 외로움을 이기는 방법이다. 이는 또 "외로움을 흑사병 대하듯 피하는"[132] 고도로 건강한 사람들의 성숙한 전략이기도 하다.

우리는 혼자서 살 수 있는 존재가 아니라 관계의 필요를 지닌 존재로 지음을 받았다. "여호와 하나님이 가라사대 사람이 독처하는 것이 좋지 못하니 내가 그를 위하여 돕는 배필을 지으리라 하시니라."(창 2:18) 이런 우리에게[133] 외로움은 반드시 치유되어야 한다. 그런데 그 치유는 건강하고 성숙한 영적 관계에서만 가능하다.

관계를 이룬 서로에게
전적인 헌신이 불가능하다

우리 사회에서 초식남(草食男)이란 소리가 낯설지 않은 작금이다. 초식남이란 "일본의 여성 칼럼니스트 후카사와 마키가 명명한 용어로서, 기존의 '남성다움'(육식성)을 강하게 어필하지 않으면서도, 주로 자신의 취미 활동에 적극적이나 이성과의 연애에는 소극적인, 동성애자와는 차별된 남성을 일컫는다."[134] 초식남에게서 이성에 대한 헌신을 기대하기는 힘들다.

이 '초식남 현상'을 뒤따르는 또 하나의 현상이 있다. 미국의 결혼 시장에서 이혼 경력이 있는 남자가 초혼인 남자보다 여자들 사이에 실제적 주가가 더 높은 현상이다. 레너드 스윗은 이 현상을 "이혼남은 자신의 헌신 능력을 최소한 입증해 보인 경력이 있다."는 것을 보여 주는 것이기 때문이라고 말한다. "이혼했다는 것은 '결혼한 적이 있다'는 뜻이고, 그것은 남자가 자신의 헌신 능력을 최소한 입증해 보였다는 말이다."[135]

헌신공항장애

이런 점에서 나는 이 두 현상을 1987년 스티븐 카터와 줄리아 소콜 쿠퍼스미스가 말한 '헌신공항장애(commitmentphobia)'와 관련하여 이해한다.[136] 헌신공항장애란 의무적으로 헌신해야만 하는 관계에 대한 심리적인 장애이다. 그러니까 데이트와 연애까지는 매우 정상적으로 진행하지만, 의무적 헌신을 요하는 결혼의 단계에서 도피하는 성향이다.

바쁜 시대를 살아가는 우리는 한정된 시간과 에너지를 너무나 많은 영역에 할당해야 한다. 이렇게 하려면 지혜와 적절한 전략이 필요하다. 그런데 '지혜와 적절한 전략' 사용에 생소하고, 훈련이 안 되어 있는 이들은 자신이 원하는 것 혹은 자신의 감정이 쏠리는 대상에만 자신의 시간과 에너지를 집중시키는 경향이 짙다. 즉 자신이 좋아하는 것에는 전적으로 집중하고 적극적이지만 의무적 헌신이 요구되는 상황을 피하는 이들이 적지 않다. 이들은 헌신 공황 장애 환자다.

전적인 헌신은 하나님의 축복이 흘러가는 통로이다

하나님이 주시는 최상 최대의 축복이 흘러가는 통로인 '전적인 헌신'을 위해서는 우리의 '내면 깊숙이' 들어가야 한다.

> 헌신을 하기 위해서는 우리의 '내면 깊숙이' 들어가야 한다. 행동의 근원을 넘어서 존재의 근원으로 들어갈 필요가 있다. 우리가 왜 여기에 존재하고 있는가? 지금 이 순간 가장 가치 있는 것은 무엇인가? 헌신을 하기 위해서는 '자신에게서 벗어나' 다른 사람들과 관계에 몰입해야 한다. 이것은 결코 쉬운 일이 아니다. 다른 사람들과 맺는 관계에 그리고 공동체에 헌신하기 위해서는 시간과 희생이 필요하며 실패를 견뎌낼 수 있는 인내심이 있어야 한다. 그렇다고 해도 헌신은 결코 쉬운 일이 아니다. – 존 W. 크로린

헌신은 참으로 어려운 일이다. 특히 관계 파괴적 상황에 처하게 되면 "우리는 관계가 어렵거나 만족이 없으면 거기서 달아나는 경향이 있다. 상처에서 헤어나지 못하거나 눈물로 세월을 보

낼까 봐 두려워서 그렇다."(레너드 스윗) 당면한 관계를 직면하기보다 회피하는 경향은 우리로 하여금 관계를 파괴하고, 사역과 헌신의 현장에서 이탈하게 한다.

"전적인 헌신은 하나님의 축복이 흘러가는 통로이다." 이런 이유로 사탄은 일상에서 우리의 시각과 에너지를 분산시켜 하나님께 헌신하지 못하도록 하고, 또 우리의 심리적·관계적 메커니즘을 부정적으로 작동시켜 하나님께 전적인 헌신을 못 하게 한다. 물론 '하나님의 축복'이 세상에 흘러가지 못하도록 하려는 의도다. '전적 헌신'을 되찾는 것이 진정한 의미에서 영적 승리이며, 깊은 치유인 것이다.

모든 관계에는 목적이 있다. 목적이 없는 관계는 파괴된다. 그 목적이 나 또는 관계를 형성하고 있는 너와 나, 우리에게 있는 관계는 (일반적) 관계이다. 관계의 목적이 관계를 형성하게 한 하나님인 경우는 영적 관계이다. 관계는 '하나님과 단절된 자들의 '교제'이자, '나+너=우리'만을 위해 존재한다.

(일반적) 관계의 특징은 다음과 같다. 첫째, 나를 중심으로 너를 조종하는 부정적인 성향이다. 둘째, 그 형성과 유지에만 집중하려는 우상성이 있다. 셋째, 당사자들의 내면의 쓴 뿌리가 작동된다. 넷째, 외로움에 기댄 사람들의 교제이다. 마지막으로 관계를 이룬 서로에게 전적인 헌신이 불가능하다.

Chapter

3

영적 관계

관계가 형성되지 않는 삶은 무기력하며 결국은 존재할 수 없다. 영적 관계가 형성되지 않는

믿음도 무기력하고 결국은 존재할 수 없다. 영적 관계는 하나님이 계획하신 관계의 원형이

며, 예수님으로 인하여 회복된 관계다. 영적 관계 속에서 우리는 하나님을 영화롭게 할 수

있으며, 영적 관계 속에서 하나님의 목적이 성취된다. 영적 관계는 분명한 그 목적이 있다.

적지 않은 가정에서 부부 사이에, 부모와 자녀 사이에, 자녀들 사이에 영적·심리적 관계 결핍이 심각하다. 가정을 이루는 구성원들 사이에 건강한 관계가 파괴되었기 때문이다. 세상을 섬기고 변화시키는 최초의, 최소의 공동체로서 사명을 감당하기에는 가정의 그 영적·사역적 기능이 너무나 붕괴되어 있다. 하나님이 허락하신 최초의 공동체인 부부 사이에 시너지가 창출되지 않고, 가족 관계에서 시너지가 발생하지 않는 건 유사 이래 인류가 극복하지 못하고 있는 비극이다. 이로 인해 이혼이 양산되고 가정들이 파괴되고 있다.

이 현상은 많은 교회의 현실이기도 하다. 교회들은 그 마땅한 사명인 '권능을 세상에 흘려보내기'를 상실했다. 교회가 영적 관계를 상실하여 단지 조직과 제도로 전락했기 때문이다. 교회에는 건강한 관계를 무시한 프로그램과 목적 지향적 행사만이 난무했으며, 실탄(권능) 없는 무기만을 가지고 영적 전쟁에 임했다. 그 결과 사역의 모습은 있으나 사역의 열매는 없고, 사역의 태도와 자세는 세련됐으나 사역의 정신은 없다. 이는 최신형 무기를 가지고 전쟁에 나갔지만 결국 실탄이 없어서 패배하고 만 상황과 같다.

사역자들의 야성은 건강한 관계의 시너지인데, 적지 않은 사역자들은 관계 파괴로 이 야성을 상실하였다. 사역 정신이 사라졌으며, 주의 주도하심에 전적으로 순응하는 법도 망각했다. 그 결과로 답습과 모방이, 자신의 주도성 그리고 자신의 능력을 매우 교묘하게 드러내고야 마는 불임성 사역자로 전락하고 말았다. 그래서 사역의 현장에는 '영적 관계의 열매'가 없고, '사역의 열매'가 없으며, '성령의 열매'가 없는 '삼무(三無) 현상'이 심화되고 있다. 이는 전적으로 사탄의 전략에 무너진 것이다. 관계 파괴로 인해 시너지를 발생하지 못하는 이런 현상에서 기업, 군대, 정부 등도 자유로울 수 없는 게 현실이다.

예수께서 우리에게 전수하신 '영적 관계'는 가정의 그 어떤 전통과 목적보다도 우선적이어야 하고, 공동체와 교회의 그 어떤 사역보다 우선해야만 한다. 영적 관계로 형성된 공동체는 사랑하며 서로 돕는 분위기의 정서적인 평온함을 형성하게 되어 사역에 풍파가 일고 심하게 동요될 때 완충적인 역할을 감당한다. 영적 공동체인 교회는 "이러한 정서적인 닻이 깊이 내려져 교회의 상호 관계적인 기초를 잘 형성하게 할 필요가 있다."(빌 홀)

영적 관계란?

　우리는 서로 관계하며 서로를 배운다. 이렇게 사회성도 익히고 더 나아가 하나님의 성품을 배우며, 하나님을 닮아 간다.[137] 이를 경험하지 못하면 타인과의 관계가 건강하지 못하고, 사회성도 약하며, 특히 하나님의 성품을 배우지 못한다. 하나님의 피조물인 인간의 DNA에는 하나님을 닮으려는 갈망이 고스란히 담겨 있어 성숙한 관계를 경험하지 못하는 인간은 하나님을 닮으려는 갈증으로 관계성에 굶주리게 된다.[138]

　우리는 그리스도 안에서만 하나님과 바른 관계를 맺을 수 있으며, 그럴 때 다른 사람들과도 참다운 관계를 맺을 수 있다. 영적 관계는 "하나님과 사랑의 관계를 맺고 살아가는 우리의 참 모습"으로만 노출된다.

그러나 죄로 인해 영적 관계가 파괴되자 관계에 속한 이들은 부정적 소용돌이 속에서 갈등하고 괴로워하며 상처로 살아갈 수밖에 없는 현실이다. 이 현실은 소통 상실로 드러난다. 소통의 부재는 인간이 가장 두려워하는 실체적 근원이다. 소통이 없으면 관계가 없고, 관계가 없으면 사랑도 없다.[139]

실제로 그리스도인에게 가장 큰 도전은 관계를 맺고 성장시키는 일이다. '태초에 있었던 관계'인 영적 관계를 회복하는 것이 구원받은 그리스도인의 우선적인 사명이다. 영적 관계의 회복이야말로[140] 나와 우리 그리고 사회와 국가, 더 나아가 인류 공동체가 평화와 샬롬을 회복하는 길이다.[141] 이 회복은 총체적 친밀감을 회복하는 것이다. 수직적으로는 하나님과의 친밀감을 회복하는 것이며, 수평적으로는 이웃과의 친밀감을 회복하는 것이다.[142] 이는 친밀감적 존재이자 소속감적 존재인 인간이 하나님과 이웃과 친밀해지고, 함께 소속하고자 하는 강한 본능적 열망이다.[143]

서로 알고, 이해하고, 섬기고, 사랑하고, 동행하면서 공동체 안에서 서로를 위로하고 격려하고 포용하는 것이 영적 관계이다. 이 관계에서 나오는 치유와 화해와 고차원의 시너지를 만끽하며 고품격의 삶을 영위하는 것이 결코 이상만은 아닐 것이다.[144]

영적 관계를 맺고 이를 지속적으로 유지하기란 쉽지 않다.[145] 그러나 그리스도인은 반드시 영적 관계를 이루어야만 한다. 아가페 사랑을 주고받으며 은사로 서로를 섬기고, 그 영적 시너지로 사역할 때 극대화된다. 영적 관계는 하나님의 통치가 가장 직접적으로 임하는 영역이자 가장 실질적인 은혜이며, 그리스도인의 일상 중에 누릴 수 있는 축복 중 축복이고, 이 세상 모든 교회 공동체가 세상에 내어놓아야 하는 진정한 제품이다.[146]

영적 관계는
'그리스도와의 인격적인 관계'에서 시작된다

'개인 공간(personal space)'이란 심리학 용어가 있다. 사람과 사람 사이의 거리감이라고 할 수 있다. 상대가 누구냐에 따라 이 거리는 다 다르다. 어떤 이와는 가까이 있고 싶고, 또 어떤 이들과는 거리를 꽤 두고 싶어 하는 그런 심리적 공간이다. 내 경우는 거의 대부분 상대와의 거리를 멀리 둔다. 물론 심리학적 거리를 말한다. 내 곁에 있는 가족들과도 거리를 꽤 두기 때문에 이런 나의 심리를 이해하지 못하면 가족들이 대단히 힘들어한다. 교우들도 마찬가지이고, 내 오랜 친구들도 마찬가지다. 물론 가족과 지체들과 지인들이 이런 내 성격을 잘 알기 때문에 지금은 별문제 없이 잘 지낸다. 내게 물리적 거리는 별로 중요하지 않다. 남미에 계셔서 일 년에 한 번 만날까 말까 하는 지인들이나 매우 가까이 있는 지인들에 대한 내 심리적 거리는 거의 같기 때문에, 물리적으로 거의 수만 킬로미터 떨어져 있는 지인들과의 친밀감이 나와 매우 가까이에 있는 분들과의 친밀감과 차이가 없다는 거다.

누구에게라도 '나와 너' 사이의 공간과 영역은 분명 존재한다. 문제는 이 공간과 영역 안에 무엇이 혹은 누가 있느냐가 중요하다. 그 공간이 부모나 연인 그리고 문화일 수 있으나 전통일 수 있고, 또 상처일 수 있고, 자기 욕망일 수 있다. 그러나 그리스도인에게 그 공간과 영역의 지배자는 예수님이셔야 한다. 그래서 그 공간과 영역이 '신성한 공간(divine space)'이 되어야 한다. 예수님은 신성한 공간의 창조자이시자 또한 운영자이시다.

'나와 너의 관계' 사이에 비어 있는 공간을 예수님이 채우실 때 양자 사이엔 영적 관계가 형성되며, 당사자들 사이에 '신성한 공간'이 존재하게 된다. 이렇게 될 때 나와 너의 관계는 하나님과의 인격적인 관계를 반영하는 것이다. 이는 부버(Buber)가 말하고자 하던 핵심이다. "다른 사람과의 진정한 관계는 '영원한 너'의 흔적을 보여 준다. 우리가 누군가를 성숙한 감정으로 사랑하고, 그를 '그것'이 아닌 '너'로 대우할 때 그와 같은 놀라운 경험이 생겨난다. 서로의 관계 속에서 참된 사랑을 주고받을 때 그 안에서 하나님의 존재가 드러나고, 우리를 분리하는 공간은 비로소 신성한 공간으로 변한다."(피터 스카지로)

자신의 '개인 공간'을 하나님께 내어 드려 '신성한 공간'이 형성되면 예수님과의 인격적 일치를 이루게 된다. 이는 모든 그리스

태초에 관계가 있었다

도인의 마땅한 사귐인 영적 관계이다. 예수님만이 영적 관계의 주도자이시다. 길과 진리와 생명임을 자처하신 예수님은 분명 기독교의 본질적 알맹이시다. 또한 "예수님만이 인류와 하나님의 관계를 바꿔 놓으신 유일한 분이다." 우리는 예수 그리스도로 인하여 영적 관계 안에 거하며, 그 자유와 은혜를 누릴 수 있는 것이다. 그러므로 "우리가 순종해야 할 유일한 것은 예수 그리스도와 살아 있는 관계를 유지하는 것이며, 어떤 것도 그 관계를 방해할 수 없다고 확신하는 것이다." 그리스도인의 성숙은 자신의 '개인 공간'이 '신성한 공간'으로 변화되는(transformed) 것과 관련된다.(롬 12:1-2)

관계 파괴와 단절이 너무 흔한 세상이다. 이 현상의 심층적 원인은 대부분 심리적·영적으로 건강하지 못한 당사자들 안에 위장되어 있는, 상대를 비인격적으로 바라보는 시각과 심리가 여과 없이 작동되었기에 양자가 영적 관계를 형성하지 못하기 때문이다. 영적 관계를 형성하고 유지하기 위해서 우리 안에 위장되어 있는 '나와 그것'의 관계를 파괴하고 '나와 너의 관계'를 형성해야 한다. '나와 너의 관계' 사이에 비어 있는 공백을 하나님이 채우실 때 양자 사이엔 영적 관계가 형성되며,[147] 당사자들 사이에 '신성한 공간'이 존재하게 된다.

나와 너의 관계는 하나님과의 인격적인 관계를 반영하는 것이라는 게 부버가 말하고자 하던 핵심이다. 다른 사람과의 진정한 관계는 '영원한 너'의 흔적을 보여 준다. 우리가 누군가를 성숙한 감정으로 사랑하고, 그를 '그것'이 아닌 '너'로 대우할 때 그와 같은 놀라운 경험이 생겨난다. 서로의 관계 속에서 참된 사랑을 주고받을 때 그 안에서 하나님의 존재가 드러나고, 우리를 분리하는 공간은 비로소 신성한 공간으로 변한다.[148]

신성한 공간[149]

하나님과의 인격적 사랑의 일치를 이룬 자들의 관계가 영적 관계이며[150] 이는 마땅히 모든 그리스도인의 사귐이어야 한다. 디트리히 본회퍼는 영적 관계란 "예수 그리스도를 사이에 두고 사귀는 것이요, 예수 그리스도 안에서 사귀는 것"[151]이라고 정의하며, 그 의미를 아래와 같이 세 가지로 설명한다.

첫째로, 그리스도인은 누구나 예수 그리스도 때문에 다른 사람이 필요하다는 뜻이다.

둘째로, 그리스도인은 누구나 예수 그리스도를 통해서만 다른 사람과 가까워질 수 있다는 뜻이다.

셋째로, 우리는 예수 그리스도 안에서 영원 전에 택함을 받았고, 시간 안에서 용납되고, 영원히 하나가 되었다는 뜻이다.[152]

예수님만이 영적 관계의 주도자이시다. 분명 기독교의 본질적 알맹이는 대담하게 길과 진리와 생명으로 자처하신 예수님이시며 "예수님만이 인류와 하나님의 관계를 바꿔 놓으신 유일한 분이다."[153] 우리는 예수 그리스도로 인하여 영적 관계 안에 거하며, 그 자유와 은혜를 누릴 수 있는 것이다. 그러므로 "우리가 순종해야 할 유일한 것은 예수 그리스도와 살아 있는 관계를 유지하는 것이며, 어떤 것도 그 관계를 방해할 수 없다고 확신하는 것이다."[154]

영적 관계는 성령이 주관하신다

영적 관계는 서로의 노력만으로는 불가능하며 연습만으로 이루어지는 것도 아니다.[155] 모든 관계의 주도자는 하나님이시기에 하나님을 외면한 관계는 그 끝이 파괴이다. 파괴된 관계에 이른 이들 중 자기는 관계를 잘 유지했노라고 말하는 경우가 적지 않다. 그러나 자기 식의 관계 형성과 유지 방법이 상대에게 폭력이 되는 경우는 매우 흔하다. 선한 마음, 선한 목적을 위한 것이라 할지라도 자기의 감정, 경험, 지식 그리고 자기 전문성의 잣대로 관계를 형성하고 유지하는 것은 상대를 내 주관의 틀에 가두는 것이다. 이런 관계는 금이 가고, 거칠게 투덜거린다.

영적 관계 형성과 유지는 실제적으로 매우 힘든 영역이다. 인생의 처음은 모든 일을 다 해낼 수 있다는 의욕에서 시작하지만, 하나님께서 우리에게 주시는 연단의 세월은 결국 우리가 우리의 능력으로 해결할 수 없는 것을 점차 더 알게 한다. 이로 인하여 생겨난 인생의 지혜는 우리의 마지막을 참으로 겸허하게 하고 진솔하게 한다. 영적 관계의 영역에서도 동일하다. 모든 관계를 영적 관계로 승화하기 위해 우리는 우리에게 관계의 본을 제시하신 예수님의 방법을 따르고, 성령에 의지해야 한다. 결혼을 예로 들자면, 성령의 도우심 없이 서로의 노력만으로 결혼 관계를 영적 관계로 승화시키는 것은 전혀 가능하지 않다.

영적 관계는 성령이 주관하신다. 분명 "예수님은 우리에게 위로자이신 성령을 파견하신다. 그래서 이 새로운 에너지, 이 힘, 이 훌륭한 마음을 불어넣어 주심으로써 우리로 하여금 상대방을

-심지어 그가 적일지라도-있는 그대로 환영하며 모든 것을 견디고, 모든 것을 믿고, 모든 것을 바랄 수 있게 해 주마 하고 약속하셨다.

사랑을 배우는 데는 평생이 걸린다. 성령께서는 우리 존재의 가장 내밀한 구석구석까지, 공포감과 장벽과 질시가 자리 잡고 있는 모든 곳까지 스며드셔야 하기 때문이다."[156] 시베리아의 강추위만큼 우리 몸속 깊이 스미는 것이 없다고 말하지만, 성령은 우리의 몸 전체를 더 깊숙이 스미어 퍼진다. 그래서 우리의 마음과 마음을 연결하신다.

너와 나' 사이의 마음과 마음을 잇도록 하기 위해서 성령은 오랜 시간 우리 안에서 다음과 같은 일을 하신다.

성령은 우리가 서로 용서하도록 하신다

저명한 K의 아내는 40년이 넘는 결혼 생활 중 그 대부분을 남편에게 받은 상처에 눌려 살아왔다고 한다. 그 아픔이 너무 심해서 K의 아내 D는 남편을 도저히 용서할 수 없다고 말하며 우셨다. D처럼 상처에 눌려 있는 이들은 용서하지 못한다. 용서는 영혼에 평안을 주고 사람들 사이에 평화를 이룬다.[157] 이웃과 아름답고 성숙한 관계를 맺기 위해서는 무조건적인 용서가 절대적이다. 그러나 용서는 우리 마음대로 가능한 것은 아니다. 용서할 수 있는 마음이 들 때까지 기다리다간 용서할 수 없다. 용서는 우리의 힘으로는 할 수 없고 성령의 도우심으로 가능한 것이다.(엡 2:11-18) 자기 판단으로는 그 상대를 받아들일 수 없고 용서할 수 없지만 성령의 도우심으로는 가능하다.

하나님께서 인류에게 베푸신 은혜의 결정적인 압권은 성육신이다. 잭 블스웍은 하나님과 인간을 화해시키기 위한 그리스도의 성육신으로 드러난 하나님의 사랑과 용서는 인간의 사랑과 용서의 기초가 되며, 그렇기 때문에 우리가 타인을 사랑할 수 있다고 말한다. 그러므로 "우리 안에 있는 하나님의 사랑은, 하나님께서 우리를 사랑하신 것처럼 우리도 아무 조건 없이 다른 사람을 사랑할 수 있게 하는 것이다."[158]

성령은 우리가 서로를 인정하게 하신다(롬 15:1-7)

상대방이 자신과 다르다는 것을 그대로 인정해야 한다. 상대를 인정할 때 관계는 성숙해진다. 또 영적 성숙의 길에 들어서면 자신이 용서하려고 했던(자신에 상처를 주었던) 대상을 인정하기 시작한다. 이때 밀려오는 평안, 즉 관계 회복의 기쁨은 감당할 수 없는 은혜이다.

성령은 우리가 서로를 격려하게 하신다

격려에 해당하는 헬라어 '파라칼레오(parakaleo)'는 보혜사와 같은 어근이다. "보혜사는 인생의 길에서 우리와 동행하며 도우시는 분이다. 성령은 우리 안에 거하며 우리를 격려하시고 또 우리를 통해 남을 격려하신다."[159] "격려하는 것은 겸손을 자라도록 하는 쉽고도 고통이 없는 방법이다. 그것은 역시 다른 사람에 대한 우리의 시각을 변화시킨다."

플로이드 맥클랑은 그 방법을 아래와 같이 제안한다.

> 다른 사람을 격려하려면 우리는 그들의 좋은 점을 찾아야 하며, 모든 비평과 비교는 접어 두고 신실하게 오직 그들의 장점에 집중해야 한다. 교만은 격려하려는 우리 마음을 가로막아 시기, 불신, 능멸에 집착하도록 만든다. 겸손한 사람들에게 있어 남을 격려해 주는 것은 유쾌한 일이다. 만약 우리가 격려하는 데 어려움을 겪는다면 주님께 나아가 그 이유를 보여 달라고 간구할 필요가 있다.[160]

히브리서 기자는 성도들이 피차 격려할 것을 명령하고 있다. "모이기를 폐하는 어떤 사람들의 습관과 같이 하지 말고 오직 권하여 그 날이 가까움을 볼수록 더욱 그러하자."(히 10:25) 성령의 도우심에 순종하면 자신과 다른 것을 용납하고 용서하고 인정하고 격려하는 것이 가능하다.[161]

성령은 서로 복종하게 한다(엡 5:22-6:9)

사람을 하나님을 형상의 지닌 고귀한 인격체로 인정하기를 포기한 지 이미 오래된 세상은 사람을 기능과 능력 등으로 분류하여 수단화한다. 그리스도인의 일상 혹은 사역의 현장에서도 서로를 나름의 잣대로 분류하고 기능화하는 영적 관계 파괴의 비극적 상황이 갈수록 심각하다. 이렇게 되면 주님의 일인 사역이 비사역이 된다.

상호 복종은 성령 충만한 사람들에게 주시는 주님의 특별한 은혜이자 사역이다. 사역은 주님의 임재 안에서 연속되는 성숙한 관계인 영적 관계의 결과이다. 서로 사랑하지 않고, 섬기지 않으면 영적 관계는 불가능하다. 이런 의미에서 성령께서 성령 충만한 자들로 하여금 서로 복종하게 하여 굳은 영적 관계를 유지하게 하는 것은 궁극적으로는 예수 그리스도의 사역을 돕는 성령의 사역이다.

성령은 우리가 성령과 더불어 서로 동행(함께함)하도록 하신다

어미 닭이 병아리를 늘 따라다니며 보호하듯, 성령은 우리의 일거수일투족에 섬세하게 동행하신다. 성령의 세세한 인도하심을 통해 서로 용서하고 인정하며 격려를 주고받게 되면 비로소 우리는 함께 갈 수 있는 것이다. 부부의 문제, 셀 문제, 교회의 문제도 결국 동행이 안 되는 데서 시작한다. 성령이 인도하시는 동

태초에 관계가 있었다

행이 가능해지면 관계는 영적 관계로 작동하게 된다.

영적 관계는 구속적이다

우리는 하나님의 사랑하시는 자 안에서 해방되었다. 우리는 우리 스스로를 억압하던 모든 것을 순식간에 잊어버리기 때문에 지금 누리는 자유를 너무나 당연한 것으로 여기려 하지는 않았는가! 어쨌든 우리는 회복되었고, 해방되었으며, 도저히 빠져나올 수 없을 것처럼 보이던 노예 상태에서 벗어났다. 교회가 누려야 할 위대한 선물 가운데 하나가 바로 이러한 놀라운 구속인데, 지금 우리들을 그 선물을 현대 문화에 제대로 전달해 주지 못하고 있다. 우리 이웃들 그리고 우리 자신들이 처해 있는 끔찍한 억압 상태를 깊이 생각해 보라.[162] – 마르바 던

예수님이 죄인이었던 우리를 구속하셨다. 예수께서는 우리를 위하여 죄의 값을 대신 치르셨다. 때문에 우리는 구속자이신 예수님 안에서 새로운 피조물의 자유와 새로운 질서의 은혜를 누릴 수 있게 되었다. 예수께서 우리를 구속하셨듯이 우리도 이웃을 구속하는 사역을 마땅히 감당해야 한다.

구속적인 관계란 기꺼이 대가를 지불하려는 구성원들 사이에서 맺어지는 영적 관계이다. 구속적 관계는 서로를 향한 신뢰와 존경을 바탕으로 하며 거리낌이 없고 투명하다. 이 관계는 많은 교회 지도자 사이에 일반적으로 나타나고 있는 피상적이고 형식적이며 신뢰가 결여된 관계와는 전혀 다르다.[163]

그리스도께 구속된 그리스도인은 서로에게 성숙한 관계인 영적 관계의 본을 보여 주어야 할 책임이 있다. 더 나아가 적대적인 관계조차도 구속적인 관계로 변화시키는 일에 적극적이며 전략적으로 헌신해야 한다.

빌 훌은 적대적인 관계를 구속적인 관계인 영적 관계로 변화시키는 방법을 다음과 같이 제시한다.[164]

첫째, 하나님께서 말씀하시는 관계에 대한 규칙들을 존중한다.(마 5;23-24,18:15) 이는 어렵고 위험이 따르며 혁명적이고 놀라운 일이다. 그러나 말씀에 대한 단순한 순종은 문제를 해결한다. 이를 통해 예배가 순전해지고 관계는 새로운 차원의 정직과 신뢰를 가지게 되며, 정직함을 가지고 관련된 이와 직접적으로 문제를 다룸으로써 하나님과 동료에 대한 존경을 드러내야 한다.

둘째, 형식에 매이지 않는 교제 시간을 가지는 것이다. 정말 서로를 깊이 신뢰하는 관계를 형성하는 효과적인 방법 중 하나는 '함께 노는 것'이다. 건강치 못한 조직은 형식을 강요하나 눈치로 작동되고, 건강한 조직은 매우 비형식적이나 원칙으로 작동된다. 교제는 비형식적 관계 훈련이다. 교제를 통해 서로를 알아 가고 신뢰하게 된다.

셋째, 서로의 감정을 이해하기 위해 시간과 노력을 투자하라. 상대가 주는 명함을 받아 든 다음 우리는 불과 몇 초 이내에 그 사람의 객체, 즉 그의 사회적 신분이라든가 직업 등을 파악할 수 있다. 그런데 그의 인격과 삶의 철학을 파악하려면 그와 같은 일터에서 혹은 같은 일로 많은 시간을 함께해야 한다. 그의 주체를 알아야만 파악이 가능한 감정을 이해하려면 많은 시간을 함께해야 할 뿐만 아니라, 더 나아가 그와 친밀해야 한다. 서로의 감정을 이해하기 위해서는 함께하는 시간과 노력도 필요하고, 또 친밀해지기 위한 시간과 노력이 필요하다.

영적 관계란 하나님의 아가페 사랑으로 인해 그의 아들이신 예수 그리스도의 구속으로 회복된 영적 관계를 말한다. 영적 관계인 영적 관계는 예수 그리스도와의 인격적 관계를 기반으로 하나님의 목적을 이루도록 하는데, 이를 위해 '너와 나'를 성령의 도우심으로 아가페 사랑을 형성하고 유지하는 구속적인 관계로 나아가게 한다.

영적 관계의 특성

영적 관계는 아가페 사랑으로만
형성되고, 유지되고, 확산된다

2014년 메이저 리그 최고의 투수는 클레이튼 커쇼다. 커쇼의 연봉은 3,070만 달러, 우리 돈으로 대략 3,200억 원이다. 게임 당 10억 원, 게임 중 공 한 번 던질 때마다 1,000만 원을 받는 셈이다. 커쇼는 자신의 재능을 최고액으로 연봉화한 왕능력의 스타이다.

그런데 커쇼가 우리에게 최고의 실력을 보여 주기만 할 뿐이라면 그는 그저 한 명의 성공한 스포츠 스타에 지나지 않을 것이다. 그의 참 매력은 그가 가치 있는 삶을 살고 있다는 것이다. 커쇼는 남다른 선행으로 우리에게 가치 있는 고품격의 사랑을 보여 준다. 그는 아내와 신혼여행을 갔던 잠비아에 2011년 에이즈로 부모를 잃은 고아들을 위한 '희망의 집'이라는 고아원을 세웠을 뿐 아니라 매년 한 달간 그곳에서 자원봉사를 한다. 물론 이 밖에도 수많은 선행을 하는 커쇼는 이렇게 말한다. "나는 그들에게 신앙을 전하려는 것이 아니라 크리스천이 어떻게 살아가는지를 보여줄 뿐입니다." 커쇼와 잠비아 고아들과의 만남은 커쇼의 사랑과 섬김으로 형성된 영적 관계이다. 크리스천의 마땅한 사명인 영적 관계 형성은 아가페 사랑이 행동화된 섬김으로 가능하며, 또 그 사랑으로만 유지·확산된다. 이를 익히 알고 실천하는 커쇼는, 그래서 남과 다른 가치 있는 삶을 누릴 수 있는 것이다. 이에 미국인들은 커쇼에게 열광하고 있다고 한다.

크리스천은 아가페 사랑의 실천자라는 점에서 세상 사람들과 달라야 한다. 그러나 살아가는 방식이나 생각하는 방식에 있어서 오늘날의 크리스천과 논크리스천 사이엔 별 차이가 없다. 소위 복음주의적 그리스도인들이 부끄럽게도 성경에 위배되는 삶을 살고 있다.[165] 론 사이더에 의하면 "결혼 생활이든 성생활이든, 돈 문제든 가난한 사람을 돌보는 문제든 오늘날의 복음주의자들은 부끄럽게도 성경에 위배되는 삶을 살고 있다." 여러 조사에 따르면 복음주의자들은 삶의 중요한 문제들에 관해 믿지 않는 이웃들과 하등 다를 바 없는 태도를 취하고 있는 것으로 나타났다.

크리스천의 이런 비극적 무기력함은 2차 대전 당시에도 존재했다.

> 엘리 비젤(elie wiesel)은 "아우슈비츠 기간에 기독교는 '실현되지' 않았다."고 했다. 살인 전문가인 독일 친위대 장교의 20% 이상은 믿는다는 기독교인이었다. 이는 처참한 악몽이다. 수백만 유대인이 생화장되고 있는데도 '실현되지' 못하는 종교는 얼마나 무능하고 관계와 단절된 종교인가! 예수님은 우리에게 관계라는 시험을 주시어 믿음이 '실현되는지' 알 수 있게 하셨다. 예수님을 따르면 그 시험은, 그분의 제자들이 정통 명제를 얼마나 잘 변호하느냐가 아니라 얼마나 잘 '서로 사랑'하느냐로 밝혀져야 한다는 것이다.[166] – 레너드 스윗

많은 사람이 예수님을 거절하고 있는 것은 아니다. 기독교인들을 통해 자신들에게 보여진 예수님을 거절하고 있는 것이다.(자크 푸넨) 이런 상황에서 오늘날 복음 선포는 더 이상 새로울 것이 없다. "늘 그랬듯이 지금도 뭐라고 주장하느냐보다 어떻게 사느냐가 훨씬 더 설득력이 있다."[167] 이 시대에 진정으로 필요한 이들은 예수께서 우리를 사랑하셨던 바로 그 사랑을 행하는 이들이다. "그저 그리스도에 대해 이야기하는 것만으로 부족하다. 그리스도의 가르침을 사는"[168] 그런 이들이 필요한 것이다.

기독교에 끼칠 수 있는 최악의 해는 그것을 철학적 노력으로 둔갑시키는 일이다. 믿음이란 학습해야 할 신념을 넘어 살아내야 할 영적 관계이다. 믿음이란 '바른' 신념을 품는 것을 넘어 '바른'(즉 "이 지극히 작은 자"의) 손을 잡는 것이다. 세상이 우리를 판단하는 기준은 우리가 얼마나 '옳게' 믿었느냐가 아니라 그대로 얼마나 잘 살고 있느냐 - 하나님과 사람을 어떻게 사랑하느냐 - 이다. [169]

아가페 사랑

인생을 허비하지 않았을 경우 우리가 남기고 갈 것은 무엇인가? '죽음이 우리 어깨를 두드리며 사랑의 삶을 정리하라고 명할' 때 우리 뒤에 살아남을 것은 무엇인가? 삶의 진짜 재산은 '사랑' - 하나님과 가족과 친구와 피조물과 피조계와의 사랑의 관계 - 이다. [170]

내가 알고 있는 미국인 목사 탐의 삼촌에 관한 이야기다. 3년 전 탐 목사의 삼촌이 돌아가셨다. 장례 기간 중 2,000명 이상의 조문객이 방문하여 돌아가신 분의 죽음을 애도하고, 그 가족을 위로했다. 그리고 장례 예배 시에는 300명 수용 가능한 장례식장의 좌석이 부족하여 상당히 많은 문상객이 장례식장 밖에서 예배에 동참했다. 사회적으로 지극히 평범한 삶을 살았던 분의 장례식에 이렇게 많은 분이 찾아와 애도한 것은 미국 사회에서뿐만 아니라 어느 사회에서도 쉽지 않다. 탐의 삼촌은 역사에 기록될 만한 업적을 남기지도 못하였고, 재정적으로 여유 있는 삶을 살지 못했으므로 큰 재산을 이웃에게 기부하지도 못하셨다. 그분은 평생 빵을 배달하는 트럭 운전사로 자신의 직업을 소중하게 여겼으며, 이웃을 참으로 사랑했고, 만나는 모든 이를 진심으로 존중했다. 고인은 자신이 행하는 소박한 아가페 사랑에 대해 어떠한 형식으로도 설명하지 않았다. 단지 아가페 사랑을 몸으로 살았던 것이다. 고인의 삶 속에서 매우 자연스럽게 발산되는 아가페 사랑으로 인해 이분을 만나는 모든 사람은 자신들이 사랑받는 존재임을 느끼며 감동받았을 것이다. 탐의 삼촌은 "네 이웃을 네 몸처럼 사랑하라."는 명령을 일상 가운데 매우 성실하게 실행하신 분이었으며, 하나님께서 자신에게 주신 삶의 목적을 충실하게 수행하셨던 아가페 사랑의 사도였다.

사람들은 누구나 성공하고 행복하길 원한다. 그러나 크리스천에게는 '의미 있는 삶'이 추가 되어야 한다. 성공을 위해 소중한 모든 관계를 무시하고 오직 경쟁에만 집중하는 이들이 있는데, 이들은 결코 진정한 성공에 이르지 못한다. 진정한 성공은 하나님과 사랑을 주고받으면서 "네 이웃을 네 몸처럼 사랑하라."는 명령이자 목적을 이루어 가는 것이다. 행복은 행복을 찾는 사람의 눈에 보이지 않는다. 행복은 반드시 가야만 하는 길을 가는 길에서 우연히 발견될 뿐이다.[171] 진정한 행복은 삶의 의미 있는 목적에 헌신할 때 만나는 행운이다. 의미 있는 삶은 삶의 목적인 존재의 이유에 헌신할 때 가능하다. 성공과 행복, 의미 있는 삶, 이 셋은 그리스도인이 하나님의 자녀로 창조된 목적을 이루어 가면 받게 되는 상이다.[172]

예수님은 우리의 목표이자 우리의 길이다. 그분처럼 아가페 사랑을 총체적으로 발산하고 사는 것이 우리가 창조된 목적이다. 예수님처럼 나의 이웃을 내 몸처럼 사랑하며 가는 길에서 우리는 성공도 만나고 행복과도 동행하고, 의미 있는 삶과도 포옹할 수 있는 것이다.

지극히 평범했지만, 탐의 삼촌은 이 세 가지의 근원을 알고 살았던 지혜자였으며, 생전에 성공과 행복 그리고 의미 있는 삶을 사는 기쁨을 마음껏 누리신 분이셨다.

오스카 톰슨은 아가페 사랑을 매우 탁월하게 표현하였다.[173]

사랑은 감정의 표현도 아니요, 느낌의 말도 아닙니다.
오히려 사랑은 지성의 언어요, 의지나 뜻의 구사요, 행동적 묘사입니다.
사랑은 행함입니다.
사랑은 관계를 수립하고, 사랑은 이 관계들을 유지하

> 며, 사랑은 관계들을 성취하며, 사랑은 관계들을 주도합
> 니다!
> 사랑은 필요를 충족케 하는 것이기 때문입니다.

아가페 사랑은 "우리에게 진정으로 최선인 것, 하나님의 완벽한 목적에 온전히 부합하는 것을 주는 사랑"이며[174] 우리를 통해 필요한 사람들에게 흘러가는 지성과 목적을 갖춘 사랑이다. 그러므로 "이 사랑은 지성적인 사랑이라는 점, 다른 사람의 필요를 향해 흘러간다는 점, 그리고 그 사랑의 원천은 우리를 먼저 온전히 사랑하신 하나님의 사랑을 깨닫는 데서 오는 희열에 있다는 점을 특히 강조해야 한다."[175]

아가페 사랑이신 예수님은 영적 관계의 주도자이시다

기독교는 아가페 사랑의 종교이다. "하나님이 세상을 이처럼 사랑하사 독생자를 주셨으니 이는 저를 믿는 자마다 멸망치 않고 영생을 얻게"(요 3:16) 하셨기 때문이다. 이 사랑은 인간을 향한 하나님의 무조건적이며, 독생자를 아끼지 아니한 희생적 사랑인 아가페이다. 진정으로 이 시대엔 아가페 사랑을 삶으로 살아 내는 커쇼와 탐의 삼촌과 같은 이들이 필요하다.[176]

2,000년 전에 예수께서 이 땅에 오셨을 당시의 이스라엘 국가

공동체는 부정적 시스템(휴브리스[177], 규칙[178], 관례화, 제도 피로 현상 등)이 강력하게 작동되고 있었다. 이 공동체 내에서는 그 어떤 영적 원리와 원칙들이 지켜질 수 없었다. 특히 영적 관계는 사라지고 비영적 관계만이 공동체에 만연되어 있었다. 이런 공동체를 통해서는 하나님의 사랑이 세상에 전달될 수 없었다.[179]

이스라엘에는 하나님의 사랑이 유통되고, 하나님의 사역이 언제나 효과적으로 수행될 수 있는 진정한 공동체가 필요하였다. 영적 공동체성을 회복하고, 영적 시너지를 무한대로 창출할 수 있는 '그 새로운 대안적 공동체'가 생겨나야만 했다.

영적 관계로 형성된 영적 공동체는 "우주를 지탱하는 거대한 에너지"[180]인 하나님의 사랑이 구체적으로 실현되는 장이어야 한다. 2,000년 전 예수께서는 제자들을 택하여 '그 새로운 대안적 공동체'인 아가페 공동체를 창설하셨다. 이 아가페 공동체는 개방성과 다양성 그리고 성령의 강력한 이끄심을 누리는 공동체이다. 성령이 이끄시는 사랑은 정해진 한계가 없는, 정해진 방법도 정해진 유형도 없는 세계다. 오직 예수께서 우리를 사랑하시는 것같이 우리도 서로 사랑하는 것, 즉 사랑으로 관계하는 것만이 유일하다.(요 13:34-35)

아가페는 갈구하는 것이 아니라 섬기는 것인 까닭에 원수를 형제처럼 사랑하는 것이며, 그 사랑은 예수님과 그분의 말씀에서 솟아난다.[181] 이 영적 관계는 예수님의 에너지가 있어 가능한 것이다.[182] 예수님의 에너지가 있기에 아가페는 이웃에게 필요한 모든 것을 나누어 주는 사랑일 수 있는 것이다. 우리는 우리의 모든 소유로 사랑해야 한다. 우리는 먼저 서로를 깊이 알기 위해 상대방에게 시간을 내어 주고, 그 뒤에는 사랑과 격려, 지혜, 용서, 돈, 기술, 계시까지 모든 것을 함께 나누어야 한다.[183] 이것이 아가페 사랑이다.

영적 관계는 사역보다 우선한다

그리스도인은 지상 명령을 이루는 목적에 전적으로 헌신해야 한다.(마 28:18-20) 이 말씀은 그리스도인이 가서 열방의 모든 족속과 먼저 구속적 관계를 형성하고 그다음 사역할 것을 명령한다. 이를 위해 예수께서는 제자들을 리더로 훈련시키셨으며, 스스로 리더십의 본을 보이셨다. 존 맥스웰이 주장하는 리더십 발달의 5단계에 의하면, 예수님은 다음과 같은 다섯 단계를 통해 제자들의 리더십을 단계적으로 훈련시키셨다.[184]

1. 예수께서는 제자들의 모델이 되어 손수 행하셨다.
2. 예수께서는 본을 보이시는 것을 제자들이 지켜보도록 하셨다.
3. 예수께서는 제자들에게 보여 주신 것을 제자들이 행하는 것을 지켜보셨다.
4. 예수께서는 제자들에게 그 일을 하도록 동기를 부여하셨다.
5. 제자들은 그 일을 행하면서 자신의 제자들을(예수께서 자신들을 훈련시키신 방법으로) 훈련시킨다.

예수께서는 제자들과 영적 관계를 기초로 한 '함께함'의 공동체 속에서 위의 사역을 이루셨다. '함께함'은 삶의 모든 것을 나누는 것이다. "리더십 개발은 나누는 것이다. 인생과 목표를 나누는 것이고, 동반자 관계와 배운 것을 나누는 것이고, 시간과 위험과 힘을 나누는 것이다."[185] 리더십 개발은 '함께함'의 과정에서 이루어진다. 영적 관계에서 리더십이 나온다. 영적 관계가 없는 리더십은 권위를 상실한 리더십이다. 예수님께서는 자신의 제자들이 리더로서 세상을 섬기기를 원하셨다. 때문에 예수께서 제자들에게 그토록 아가페인 영적 관계를 명령하셨으며 스스로 본을 보이셨던 것이다. 레이튼 포드는 이 과정에서 예수님은 제자들과 아래와 같은 사항을 지키셨다고 한다.

1. 주님은 잠재력을 가진 지도자들을 찾고 부르고 접근하는 것으로 시작하셨다.
2. 주님은 같이 살며 함께 기도하시면서 모범을 보여 주셨다. 그리고 관심과 지원과 교정과 조언을 통해 동기를 부여하셨다. 이렇게 하심으로 그들 개개인의 리더십 형성에 관심을 보이셨다.
3. 주님은 제자들을 하나의 공동체로, 요즘 말로 하면 팀으로 만드셨다. 제자들은 주님에게 배웠을 뿐만 아니라 서로에게서 배웠다.
4. 주님은 끊임없이 일상생활에서의 모범이라든지, 질문에 대한 답이라든지 언행일치의 삶에서 우러나오는 가르침으로 제자들에게 영향을 끼치셨다.
5. 주님은 제자들을 신뢰하고 일을 맡기셨을 뿐 아니라 피드백을 주셨다.
6. 주님은 이들에게 계획이 아닌 성령을 주심으로 권세를 주셨을 뿐 아니라 하나님의 나라를 구하는 지도자가 될 수 있도록 보내셨다.[186]

"두루두루 다니면서 모든 족속으로 제자 삼으라."는 예수님의 명령은 두루두루 다니시면서 예수께서 제자 삼으셨던 과정을 우리가 그대로 행하라는 명령이다. 그러므로 '제자 삼기'는 예수님의 사랑으로 구속하는 관계인 영적 관계 형성에서부터 시작하여,

그들과 '함께함의 공동체로 발전되어야 한다. 공동체는 제자 양육의 모판이기 때문이다.

"모든 성공적인 사역은 (사랑의) 관계를 기초로 한다."[187] 그러나 사역의 현장과 그리스도인의 일상 현장에서 영적 관계 형성이 무시된 가르침과 사역이 우선시되는 경우가 적지 않다. 영적 관계 형성은 최우선적인 사역이다. 영적 관계가 없는 사역은 존재하지 않는다. 영적 관계 형성에 무관심한 사역자는 건강하지 못하며, 사역의 열매를 기대할 수 없다.

영적이지 못한 관계는 그 관계를 이루는 개개인의 건강치 못한 부정적 심리와 고갈된 영성으로 작동된다. 관계되어진 이들 사이에 반목과 시기, 질투, 경쟁, 극에 이른 이기심 등으로 인해 공동체의 모든 에너지를 고갈시키고 공동체를 상처투성이로 만든다.

그러나 영적 관계는 그 관계를 이룬 자들의 건강한 심리와 깊은 영성으로 작동된다. 관계되어진 이들 사이에 사랑과 섬김, 위로, 격려, 영적 동행 등으로 공동체에 하나님의 능력이 흐르게 되어 공동체성이 충만한 치유와 회복과 사역의 연합체가 되는 것이다.[188]

영적 관계는 영적 친구들의 '하나 됨'이다

'영적 성장을 도와줄 사람이 없어요.'라고 말할 사람이 있을지도 모르겠다. 그런 경우에는 하나님께 영적 동역자를 허락해 달라고 기도하라. 하나님이 놀라운 방법으로 응답해 주실 것이다. 하나님은 종종 우리와 여러 면에서 다를 뿐 아니라, 목회자도 지도자도 아닌 사람을 동역자로 허락하신다. 또 자신이 존경하는 사람들에게 조언을 구하고, 그의 조언에 귀를 기울여라. – 피터 스카지로

사노라면 많은 것이 우리에게서 사라진다. 젊음이 사라지고, 용기와 야성이 없어지며, 그리고 소중했던 친구들이 떠나간다. 젊음은 사라지면서 우리의 늙어진 몸에 지혜를 남기고, 용기와 야성은 멀어지면서 성숙을 남긴다. 그런데 친구는 떠나면서 우리에게 무력감을 남긴다. 친구 없는 인생은 상상할 수 없다.

영적 친구가 반드시 필요하다

친구들은 소중한 존재다. 죽마고우, 학교 친구, 교회 친구, 군대 친구, 회사 친구, 동아리 친구, 사업상 친구 등등. 그리고 우리 인생을 깊은 성숙으로 이끄는 영적 친구(soul friend)도 있다.

태초에 관계가 있었다

영혼 속까지 꿰뚫고 들어가 가치관과 선택과 동기와 성향을 검토하는 질문을 자유로이 던질 수 있는 관계 안에서 서로 복종할 수 있는 영적 친구가 누구에게나 있어야 한다. 그래야 성숙한 삶을 살 수 있다.[189] 영적 친구가 있다는 것은 축복이자 최고의 지혜를 얻은 것이다.

영적 친구가 없으면 거짓 자아를 벗어 버리고 참 자아를 찾기가 매우 힘들다. 켈트족 속담에 의하면 "영적 친구가 없는 사람은 머리가 없는 육신과 같다."고 한다.

인생의 길에 만난 대부분의 친구 관계는 서로 집착한다. 그러나 영적 친구들 사이의 친밀감은 서로에게 집착하지 않는다. 오히려 그리스도를 통해서 하나님께 함께 가까이 다가간다.[190] 영적 친구들의 "우정은 하나님의 사랑과 지식으로 우리를 들어 올려 주는 발걸음과도 같은 것이다."[191]

영적 친구는 서로에게 영적 스승이다

종교 개혁가 캘빈에게는 윌리엄 파렐과 마틴 부처라는 영적 친구가 있었다. 그들은 개인 편지를 통해서 서로에게 영성 지도를 요청했다.[192] 캘빈은 우리가 자신의 약점을 서로 고백하여 서로 충고를 받고 서로 동정하며 서로 위로를 받아야 할 존재임을 인정하면서 영적 관계의 필요성을 강조하였다. "중세에는 아무리 위대한 성자라도 영적 스승의 도움 없이 내적 여행을 시도하지 않았다. 그런데 오늘날에는 가톨릭 수도원을 제외하면 이 개념을 실천하기는커녕 이해하는 사람조차 드물다. 참으로 비극이다. 그러나 영적 스승의 개념은 현대 상황에서도 얼마든지 적용할 수 있다. 이 개념은 형제자매의 도움을 통한 하나님의 인도하심을 의미한다."[193]

케네스 리치는 영적 지도를 "두 사람이 그리스도 안에서 갖는 우정의 관계"로 다시 정의하면서 몇 가지 특징을 다음과 같이 제시한다.

첫째는 우리는 자유롭게 우리 영혼의 친구를 구하고 선택한다.

둘째는 처음의 목적을 만족시키지 못할 때에, 우리는 자유롭게 헤어져서 관계를 끝낸다.

셋째는 전제적이지 않은 관계로, 성령 안에서의 상호 나눔이며 상호 간에 지도를 구하는 것이다.

넷째는 삶의 전 영역과 관계된다. 즉, 인간 존재 전체의 변화에 관심을 갖는다.

다섯째는 도움을 주고, 북돋움, 가르침을 포함하는 관계이다.

여섯째는 거룩과 내적 순결함을 요구하는 관계이다.[194]

영적 친구는 영적 인도자이다

영적 친구는 자기 친구가 하나님을 더 알도록 돕기 위해 신실함과 올바른 동기와 분별력과 인내심을 가진 사람이며, 끝도 없이 자신을 속일 수 있고 또 속이기 때문에 자신이 정직하도록 도와줄 영적 인도자가 필요하다. 그리스도 안에서 참된 친구는 나를 일깨우고, 내가 성장하도록 돕고, 하나님을 더 깊이 인식하도록 이끌어 주는 사람이어야 한다.[195]

영적 친구라면 마땅히 하나님을 사랑하고, 이웃을 자신의 몸처럼 사랑하게 된다. 이들에게 있어서 이웃은 섬김의 대상이지, 경쟁과 이용의 대상이 아니다. 이들은 이웃과의 영적 관계를 발전시켜 영적 공동체를 형성함으로써 하나님의 나라를 위한 영적 거점을 건설해야 한다.

> 우리 자신을 예수님처럼 생각하고 말하고 행동하는 사람으로 만드는 것은 우리가 할 수 있는 일이 아니다. 하나님의 은혜로, 성령이 우리 주위에 긍정적인 세력 – 피조물들, 하나님의 말씀, 기독교 공동체의 구성원들 –을 통해 우리를 만드셔야 가능하다.[196]

영적 관계는 영적 열매를 맺는다

만남은 관계를 형성한다. 좋은 관계에서 좋은 만남이 성숙되고, 좋은 결과를 기대할 수 있다. 영적 관계는 생산적이다. '서로 사랑하라'(요 13:34)는 말은 서로의 영적 관계를 더욱 성숙시키란 뜻이며, 그 생산물인 영적 시너지(권능)를 흘려보내란 의미이다. 또 '서로 사랑하라'는 생산성을 창출할 수 있는 관계를 형성·유지하라는 명령이다.

월키 오는 다음과 같이 말한다.

> 그리스도인들 사이의 우정은 열매를 맺어야 한다. 다시 말하면 생산성이 우정을 보완해야 한다는 것이다. 우리가 예수님이나 다른 사람들과 함께 나누는 친밀성은 다른 사람에게도 도움이 된다는 의미에서 생산성이 있어야 한다. 포도나무와 가지의 이미지는 이 점을 매우 분명히 보여 준다. 그 은유는 모든 그리스도인이 누리는 친밀한 관계들에서 볼 수 있는 역동적인 긴장을 잘 나타낸다. 예수님은 '내 사랑 안에 머물라.'(요한 15.9)고 간청하다시피 하시면서, 한편 '만방에 나아가 열매를 맺으라.'(요한 15.16)고 개방성을 요구하기도 하신다. 여기에 그리스도인 우정의 역설적인 본질이 있다. 우리는 사랑하는 사람과 함께 머무는 동시

> 에 그 사랑을 다른 사람과 나누기 위해 나아가도록 부름
> 받은 것이다. 다시 말하면 그리스도인의 우정은 전체 공
> 동체와 세상을 위하여 그 우정으로부터 솟아나오는 새로
> 운 삶의 가능성에 항상 열려 있어야 한다는 것이다.[197]

그리스도인이 영적 관계를 이루면 성령의 열매와 사랑의 열매 그리고 사역의 열매 등의 세 가지 열매를 맺게 된다.

성령의 열매

성령은 믿는 자들 안에 예수님의 성품을 재현시킴으로써 예수님을 영화롭게 하신다. 첫째는 "먼저 그리스도인이 그들 자신과 대항해서 위대한 승리를 거둘 수 있도록 인도하시며, 그다음으로 기도 속에서 그들을 위해 중재하시고 그들에게 기도하도록 가르치시며, 마지막으로 그들의 삶에 대해 하나님의 뜻을 계시하시고 그들이 하나님의 뜻 안에서 살아갈 수 있도록 해주신다."[198] 이 세 가지 사역은 우리 안에서 그리스도의 생명인 '성령의 열매'를 맺을 수 있도록 작용한다.[199] 성령의 열매는 개인 스스로 맺는 것이 아니라 영적 관계 속에서 낳아지는 생산성의 결과이다.

사랑의 열매

인생에 있어서 돈도 건강도 중요하다. 그러나 '돈 관리에 실패하면 기회가 있으나, 건강 관리에 실패하면 치명적이다.' 군인들에게 '작전의 실패는 용서받을 수 있으나 경계의 실패는 용서받지 못한다.'는 말이 있다. 또 '연애에 실패할 순 있으나 결혼에 실패해선 안 된다.'는 소중한 인생의 지혜가 있다. 이와 같은 의미로, '그리스도인은 사역에 실패하면 기회가 있으나 영적 관계에 실패하면 모든 기회를 상실한다.' 영적 관계는 사랑의 열매다.

그리스도인은 일상과 일터에서 건강한 영적 관계 형성의 사명을 받고 파송되었다. "너희는 가서 모든 족속으로 제자 삼아…"는 결국 "너희는 가서 모든 족속과 영적 관계를 맺고…"를 의미한다. 그리스도인에게 영적 관계 형성이 안 된 '제자 삼기'는 상상할 수도 없다. '영적 관계 형성' 사역을 지지해 주는 성경의 말씀은 풍부하다.

오스카 톰슨은 갈 5:22-23의 '성령의 아홉 가지 열매'를 다음과 같이 관계론적으로 정리하고 있다.

> – 사랑은 바로 (영적) '관계'이며,
> – 희락은 '관계의 결과'이고,
> – 화평은 '올바른 관계의 결과'이며,
> – 오래 참음은 '관계의 유지',

- 자비는 '관계의 태도',
- 양선은 '관계의 발산적 축복',
- 충성은 '관계의 방법',
- 온유는 '관계 내에 복종하는 의지'이고
- 절제는 '관계의 통제'라고 말한다.[200]

사역의 열매

제자들의 푯대를 향한 삶은(빌 3:14) 지상명령의 수행이며(마 28:18-20), 그 결과가 사역의 열매이다. 초기 예수님의 제자들은 "다 하나님의 아들을 믿는 것과 아는 일에 하나가 되어 온전한 사람을 이루어 그리스도의 장성한 분량이 충만한 데까지 이르는"(엡 4:13) 역동적 삶을 살면서 "복음적 원칙적 삶을 통해 발생하는 온갖 역경을 믿음과 사명감으로 극복하면서 제자 삼기에 헌신했다. 즉, 'Life As Mission' 과정에 충실하면서 선교적 디아스포라의 삶을 살았던 것이다."[201]

예수님의 삶을 따르기 위해 전적인 헌신으로 일생을 바친 바울은 만년에 이르러 그리스도인들에게 "모든 일에 신중하여 고난을 받으며 전도자의 일을 하며 네 직무를 다하라."(딤후 4:5) 하고 권면한다. 일평생 푯대를 향하여 정진하였던 그의 삶은 이 권면의 가치를 더해 준다. 자신이 떠날 시간이 가까워졌음을 느낀(4:6) 바울은 성령의 열매와 영적 관계의 열매 그리고 사역의 열매를 맺어 왔던 자신의 모든 생산적 삶의 결과를 "의로운 재판장이신 주님께서 보상해 주실 것"이라는 확신이 너무도 분명했다.(딤후 4:7-8)

그리스도인의 삶은 생산적, 즉 열매 맺는 일상이어야 한다. 이를 위해 어떤 경우에라도 하나님과의 친밀함과 성도 간의 친밀함을 유지하고, 이웃과는 구속적 관계인 영적 관계를 형성하는 일에 우선해야 한다.

첫째, 개인적 차원에서는 주님과의 깊은 친밀함 가운데 변화 – 성숙 – 성화에 이르러 그리스도의 성품을 닮는 성령의 열매를 맺어야 한다. 둘째, 관계적 차원에서는 "주께서 우리를 사랑하신 것 같이 서로 사랑함으로써" 사랑의 열매인 '영적 관계'를 형성해야 하며(고전 13장), 셋째, 사역적 차원에서는 이 땅에 파송 받은 자로서 모든 그리스도인은 '함께함의 공동체'를 이루어 주께서 명하신 지상명령을 완수하는 '사역의 열매'를 맺어야 한다. 사역의 열매는 모든 그리스도인이 "적극적인 '개인 구원'과 '영적 전쟁' 그리고 '영적 거점 확보'를 통해 예수께서 세우셨던 '그 새로운 대안적 공동체'를 세우고 확장하는 것"[202]이어야 한다.

태초에 관계가 있었다

영적 관계의 목적

"하나님은 우리에게 서로 사랑하라고 명하신다. 그것은 선택 사항이 아니다."(요일 4:20)[203] – 아치볼드 하트

관계가 형성되지 않는 삶은 무기력하며 결국은 존재할 수 없다. 영적 관계가 형성되지 않는 믿음도 무기력하고 결국은 존재할 수 없다. 영적 관계는 하나님이 계획하신 관계의 원형이며, 예수님으로 인하여 회복된 관계다. 영적 관계 속에서 우리는 하나님을 영화롭게 할 수 있으며, 영적 관계 속에서 하나님의 목적이 성취된다. 영적 관계는 분명한 그 목적이 있다.

'하나님께 영광'을 올리기 위함이다

이혼이 보편화된 세상이고 크리스천의 이혼도 매우 흔하다. 뿐만 아니다. 크리스천 성직자의 이혼 소식도 적지 않게 들린다. 결혼 관계의 파괴가 전 방위적으로 발생하고 있다. 하나님이 명하신 최초의 영적 관계인 결혼을 유지하기가 힘든 세상이 되었다.

영적인 의미를 제외하면 결혼은 사회적 약속이다. 모든 사회적 약속과 마찬가지로 또 하나의 사회적 약속으로서의 결혼을 유지하기 위해서는 사회적 제약과 사회적 보호가 필요하다. 이혼은 사회적 제약과 사회적 보호를 거부하는 것이다. 단순한 관계로만 맺어진 결혼은 영적 관계보다 이혼에 이르기 쉽다.

단순한 관계로 맺어진 결혼은 서로가 잘 살아보겠다는 것이지 하나님이 허락한 결혼의 의미와는 무관하다. 이렇게 되면 결혼하여 영적 관계를 이룬 자들에게 주어지는 하나님의 은혜와 축복을 누릴 수 없다. 또한 결혼을 통해 영적 공동체를 이루면서 영적 시너지를 흘려보내는 사역적 삶과 그 행복과 기쁨 그리고 평안을 경험할 수 있는 특권을 못 누리게 된다. 관계 차원의 결혼은 영적 전쟁에서 이미 패배하여 영적인 삶에 헌신하지도 못하는 불행이다. 자기들의 만족을 위한 결혼은 하나님의 계획과 원칙에서 벗어난 것이다.

그러나 결혼은 부부가 영적 관계를 이루어 제자의 삶을 사는 것이다. 결혼은 하나님의 신실한 사랑의 산증인이 되는 하나의 방법이다. 남녀가 이 목적을 가지고 결혼하였다면, 부부의 관계는 세 가지 상을 받는다. 첫째는 성공을 얻게 되는데, 이는 진정한 성공은 창조된 목적을 이루어 가는 것이기 때문이다. 둘째는 행복을 얻게 되는데, 행복이야말로 우리가 마땅히 해야 할 일에 헌신할 때 발생하는 부산물이다. 셋째는 의미 있는 삶을 얻게 된다. 창조된 목적에 인생을 전적으로 투자하면 의미와 만족이 찾아온다.[204]

하나님의 목적을 이루기 위해 영적 관계가 된 부부는 "서로에 대한 그들의 사랑은 그 감정적 내용물이 무엇이든지 간에, 그들이 예수님의 제자인 것을 보여 주게 되므로 그들의 주된 관심은 부부로서 제자의 삶을 사는 것이다."[205] 영적 관계는 그 관계를 허락하신 하나님의 목적에 헌신하여 하나님께 영광을 올리는 것이다.

영적 관계로서 결혼

한 연구가에 의하면 "어떤 결혼이든 성공이나 실패를 94%의 정확도로 예측할 수 있다."고 주장한다. 그는 5:1의 비율, 즉 남편과 아내 사이의 상호 작용이나 긍정적인 감정이 부정적인 것의 다섯 배가 되는 한 그 결혼 생활을 안정될 수 있음을 발견했다. 이 말은 행복한 결혼 생활을 누리는 부부들에게는 '그 다섯 배의 상호 작용이나 긍정적인 감정'을 창출하는 능력이 있는 것이다.

이는 부부가 각각 자기만의 느낌, 자기만의 감정 또 자기만의 의지대로 행하면 결혼 생활을 유지하기란 불가능하단 말이고, 또 같은 느낌, 같은 감정, 같은 의지로 정성을 다해 협력하여 살아간다 할지라도 이 상호 작용으로 생기는 부정적 감정의 5배가 넘는 긍정적인 감정을 가지지 못하면 결혼은 깨져 버릴 가능성이 거의 100%란 말이기도 하다.

결혼은 매우 신비한 공동체적 삶이다. 단지 사회적 계약이라고만 이해하고 이 계약을 유지하는 것을 결혼이라고 생각하면, 결혼의 그 신비감을 감히 상상할 수 없다. 결혼의 신비감이란 결혼 공동체를 위해 자기를 포기하고, 그리고 서로의 시너지를 창출할 때 축복으로 다가오는 것이다.

이 축복의 공동체를 위해서 진정으로 건강한 개인들의 하나 됨이 형성되어야 한다. 여기서 건강이란 결혼 공동체를 유지하기 위해 자기를 기꺼이 포기할 수 있는 용기를 가진 상태를 말한다. 이 건강함 외에 다른 모든 장점과 매력은 적어도 결혼이라는 신비 공동체를 유지하는 데는 전혀 힘을 발휘하지 못한다.

태초에 관계가 있었다

• 영적 관계로서 축복받는 결혼 생활을 위하여

1. 상대의 필요를 채워 주는 것은 중요하다. 그러나 그것
이 결혼의 목적이 아님을 분명히 알아야 한다. 결혼은
상대를 위해 희생하는 것에만 머물면 안 된다. 결혼은
함께 가는 길이다. 함께 가기 위한 공동의 목적에 집중
헌신함이 우선이고, 이럴 때 신비한 방법으로 채워지
는 그 무엇이 있다. 건강한 결혼 관계에 부어지는 하나
님의 축복이다. 이것이 결혼의 신비다.

2. 함께 가기 위한 공동의 목적에 집중 헌신하기 위한 유
일한 매뉴얼은 성경이다. 이 매뉴얼대로 하면 결혼의
축복과 신비를 경험할 수 있다. 또 결혼은 부부의 상
호 작용이다. 이 상호 작용이 긍정적이면 결혼이 긍정
적이고, 이 상호 작용이 신비하면 결혼 생활 그 자체가
신비하다. 이 긍정적이고 신비한 결혼의 축복 매뉴얼
은 성경뿐이다.
   - '주께서 우리를 사랑하신 것처럼 서로 사랑해야 한다.'
   - '주께서 우리에게 섬김의 본을 보이신 대로 서로 섬
     겨야 한다.'
   - 그리고 "항상 기뻐하고, 쉬지 말고 기도하고, 범사
     에 감사해야 한다."(살전 5:16-18)

3. 결혼 관계를 발전 · 성장 · 성숙 · 유지하려면 역시 많은 에너지가 지속적으로 투여되어야 한다. "응급 처치식 인간관계란 존재하지 않는다. 그 대신 인간관계의 정립과 회복에는 장기간의 투자가 요구된다."[206] 긍정적이고 영적인 노력 그리고 하나님의 간섭이라는 강력한 에너지가 늘 투여되지 않으면 결혼 관계는 파괴되고 관계 속에서만 존재가 가능한 인간의 정체성이 사라지고 만다. 하니 영적 관계를 형성하여 모든 영역에서 하나님의 간섭이 자유롭게 이루어질 수 있는 영적 개방성을 구축하는 것이 매우 중요하다.

우연한 만남은 없다. 만남의 초기에는 우연으로 생각할 수 있으나 만남이 지속되고 만남에 대한 해석이 성숙되면서 만남이 결코 우연이 아님을 인정하게 된다. 그리스도인의 모든 만남은 우연이 아니다. 그리스도인의 만남은 그 목적을 가지신 하나님이 주도하시고 맺어주신 것이다. 하나님은 아담과 하와를 만나게 하셔서, 하나님이 창조한 모든 것을 다스려 지키게 하였다.

"기독교의 목적은 사람들이 믿음을 갖도록, 즉 하나님과 관계를 맺도록 돕는 것"[207]이며, 전도는 사람들을 초대하여 그 관계를 실천하러 오신 예수님과 관계를 시작하게 하는 것이다. 전도는 교리적 거래가 아니라 영적 상호 작용이다.[208] 관계의 본이 되신 예수님을 따르는 그리스도인은 자기 주도적인 관계를 버리고 영적 분별력과 믿음과 섬김으로 이어 가며 영적 관계를 이루어야 한다.

하나님은 우리에게 목적을 주시고 그 목적을 이루는 방법에 있어서는 우리를 의지하신다. 하나님은 선택하신 자들과 먼저 영적 관계를 이루시고 그다음 구속 사역을 완성하셨다.[209] 예수님을 따르는 모든 그리스도인도 이웃과 먼저 영적 관계를 이루고 그다음 하나님의 목적을 이루어야 한다. 그리스도인의 모든 사귐의 목적은 구원을 전하는 자로서 서로 이어지기 위함이다.[210] 이는 하나님이 가장 기뻐하시는 일이자 하나님께 최고의 영광을 올리는 길이다.

하나님의 사랑과 권능이
'너와 나' 사이에 흐르게 하는 것이다

타락 이전에 하나님께서는 아담과 하와 사이에 아가페 사랑과 권능이 흐르게 하셨다. 아담과 하와는 영적 관계되어 서로 격려하고 치유하며 시너지를 이루어 에덴동산을 잘 관리하였다. 그러나 범죄 이후, 두 사람의 영적 관계가 관계로 전락하면서 둘 사이에는 하나님의 사랑과 권능이 더 이상 흐르지 않았다. 이로 인해 이들 사이엔 오늘날 우리의 관계 속에 내재된 파괴적 본능과 욕망과 이기심으로 가득 차게 되었다. 그러나 그리스도로 말미암아 구원받은 자들이 그리스도 안에서 영적 관계를 이루면 타락 이전의 아담과 하와에게 주어졌던 아가페 사랑과 권능을 회복하게 된다. 그래서 그리스도인들은 서로에게 치유자이며 동역자이다.

> 두 사람이 서로 영적 관계되면, 그래서 두 존재가 성행위에서 두 육체처럼 서로 교차하면 한 사람에게서 무엇인가가 나와 다른 사람에게 흘러 들어가게 되는데, 거기에는 영혼의 깊은 상처를 치유하고 건강을 회복하게 하는 힘이 있다.[211]

이 힘을 받은 사람은 치유받는 기쁨을 체험하며, 힘을 주는 사람은 자신이 치유에 사용된다는 게 더 큰 기쁨이라는 사실을 알게 된다. 이는 하나님의 자녀 각자에게 "모든 악보다 더 강력한 어떤 선이 내면에 들어 있다. 그 선은 언젠가 솟아나길 기다리며 거기에 있기 때문이다."[212]

영적 관계의 목적은 서로에게 하나님의 사랑과 권능이 흐르게 하는 것이다. 영적 관계는 은혜의 통로이다.

> 당신은…당신의 삶을 통해 하나님의 성품을 드러내기
> 위해 이 땅에 존재하는 것입니다. 당신이 누구와 함께하
> 든, 그들이 당신을 어떻게 대하든 당신의 사랑을 통해 그
> 들에게 하나님의 생명을 흘러넘치게 하기 위해 이 땅에
> 있는 것입니다. 이것이야말로 가장 중요한 일입니다. 어
> 떤 상황에서도 하나님을 예배하고 신뢰하며, 또 그분이
> 어떤 분이신지 드러냄으로써 하나님을 영화롭게 하는 것
> 말입니다."[213] - 래리 크랩

'너와 나'의 동역으로 하나님의 권능을
세상에 흘려보내는 것이다

하나님께서는 '아담과 하와' 공동체를 세우신 후 명령하셨다.
"생육하고 번성하여 땅에 충만하라." 그들은 공동체를 확장하기
위해서 아이를 낳고 이 아이를 양육해야 한다. 이 일은 누구에게
도 면제되지 않다. 둘이 협력해야만 하는 일이다.[214] 이 협력은
위대한 일을 이루어 낸다.

인간의 육체를 만들기 위해 자연계에 존재하는 92개의 원소
중에서 불과 10여 개만이 사용된다. "여기서 우리가 주목해야 할
것은 '결합의 신비'이다'. 불과 10여 개의 원소가 결합하여 인간의

육체가 만들어졌다는 사실은 과학으로 설명할 수 없는 신비의 결과다."[215] 영적 관계도 신비한 결과를 이루어 낸다. 너와 나, 또는 소수의 그리스도인이 영적 관계가 이루어 만들어 내는 위대한 기적들 말이다. 예수께서는 12명이란 소수의 제자를 영적 관계시켜 이 땅에서 하나님의 나라를 확장하는 일을 행하셨는데, 결국 이는 영적 관계의 신비이자 분명한 실제이다.

사도행전 3장에 등장하는 베드로와 요한은 '너와 나'의 하나됨의 동역으로 권능을 세상에 흘려보낸 인물이다. 베드로는 예수의 수제자이고, 요한은 예수께서 가장 사랑했던 자이다. 베드로의 입장에서 보자면 예수께서 자신을 수제자로 삼으셨으니 당연히 자신을 가장 사랑해야 한다고 생각할 수 있었을 것이다. 그러나 요한의 입장에서 보자면 예수께서 자신을 가장 사랑하시니 당연히 요한 자신에게 예수님의 리더십을 이양하실 것으로 생각했을 것이다.

베드로와 요한 사이에는 늘 이러한 권력 다툼이 물밑에서 진행되고 있었을 것이다. 특히 요한의 어머니가 예수께 찾아와 '당신의 나라가 임하시면' 요한과 야고보 형제에게 권력을 주시도록 간청할 때 나머지 제자 열 명의 분노가 대단했다는 사실을 보면, 비단 베드로와 요한만이 아니라 제자들 전체에게 권력 쟁취와 직간접적으로 관련된 긴장이 늘 폭발 직전이었던 것이 분명하다.(마 20:20-24) 게다가 부활하신 예수께서 베드로에게 '내양을 먹이라'고 하시면서 베드로의 순교를 예고하셨을 때 베드로가 보인 즉각적이고 매우 본능적인 반응의 대상은 요한이었다. "주여, 이 사람은 어떻게 되겠삽나이까?"(요 21:21)

그런데 사도행전 3장에 등장하는 베드로와 요한에게서 우리는 갈등을 전혀 발견할 수 없다. 오히려 성숙한 하나 됨을 보여 주고 있다. 베드로와 요한은 함께 성전으로 올라가(1절), 함께 성전에 들어가는 중이었다.(3절) 자신들에게 구걸하는 앉은뱅이를 향해 베드로는 요한과 함께 주목하여 '우리를 보라'고 하며(4절) 앉은뱅이를 치유한다.(6-10절)[216]

사도행전 3장의 이 놀라운 기적 사건을 자세히 들여다보면 세 가지 대단히 의미 있는 내용을 발견할 수 있다.

첫째는 이들이 속한 '그 새로운 대안적 공동체'는 승천하시기 전 예수께서 제자들에게 약속하신 '성령'을 받았다는 것이다. 이 후 '그 새로운 대안적 공동체'는 성령의 강력한 임재를 경험하고 성령의 인도하심에 순종하는 공동체가 되었다. 동일한 성령을 체험한 제자들 사이에 강력한 영적 연합이 이루어졌으며, 그 결과로 치유의 능력인 영적 시너지가 창출되고 있었다.

둘째는 베드로와 요한은 영적으로 승화된 하나 됨(영적 관계)이 형성되었다. 주 안에서 사역적으로 신비한 연합을 이룬 것이다.

셋째는 베드로와 요한을 통해 흐르는 치유의 능력이다. 베드로와 요한이 영적 관계를 이루게 되어 그 시너지가[217] 창출된 것이다. 베드로와 요한의 하나 됨을 통해 창출된 이 시너지는 치유의 능력으로 흘러 앉은뱅이를 치유한 것이다.

사역은 영적 관계에서 시작되어야 하며, 사역자들은 영적 관계를 통해 흐르는 하나님의 능력으로 사역에 임해야 한다. 그리스도인은 예외 없이 영적 관계가 되어야 하고, 또 영적 관계로 이루어진 영적 공동체의 몸을 이루는 데 헌신해야 한다.

하나님의 능력이 너와 나의 '하나 됨'을 통해 외부로 흘러 나간다.

…최우선 순위는 성령께서 살아 역사하시는 당신 마음의 그 방을 찾는 것입니다. 그리고 나서 그분이 그곳에 두신 영적인 에너지를 사용하는 것입니다. 그 방에서 당신은 하나님의 뜻에 자신을 드리고, 성경을 통해 말씀하시는 성령님께 귀를 기울이며, 그분을 따라 생각할 것입니다.[218] – 래리 크랩

영적 관계를 파괴하는 것들

> 기독교는 관계의 종교이다. 가장 핵심적인 관계는 그리
> 스도와 맺는 관계다. 모든 것은 그 관계를 어떻게 관리하
> 고 유지하는가에 달려 있다. 그러나 우리 중 몇몇은 육신
> 으로 오신 하나님이신 예수님과의 관계보다 자신의 애완
> 동물과의 관계에 더 신경을 쓴다.[219] – 레너드 스윗

하나님께서 아담과 하와를 에덴의 정원사로 불러 잘 다스리
게(dominion, 하나님의 방식으로 관리하여 열매를 맺도록) 하셨듯이, 성도를 불러
관계를 잘 다스려 영적 시너지를 창출하여 하나님이 원하시는 것
을 이루어 내도록 하셨다. 그런데 죄로 인하여 아담과 하와가 에
덴동산(정원)에서 쫓겨나 황무지에서 엉컹퀴와 투쟁하며 노동을 해

야 했듯이, 역시 죄로 인하여 인류의 관계는 파괴되어 경쟁과 투쟁, 살인 등이 저질러졌다. 죄가 에덴의 샬롬을 파괴했듯이, 역시 죄는 인류의 하나 됨을 파괴했다. 사탄은 인류가 하나 되어 하나님을 섬기는 것을 막기 위해 에덴을 파괴하고 인간 사이의 관계를 파괴했다.

사탄은 성도의 영적 관계를 파괴한다. 성도 간에 영적 관계가 이루어지면 하나님의 능력인 권능이 창출된다. 이 권능은 성도들로 하여금 '변화, 성장, 성숙 그리고 사역'에 헌신하게 하며, 사탄의 진을 파괴하여 포로 잡힌 영혼들을 구출하는 강력한 힘이다. 이런 이유로 사탄은 하나님의 권능이 창출되지 못하도록 영적 관계를 훼방하고 파괴하는 것이다.

영적 관계를 파괴하기 위해 사탄이 사용하는 전략은 교묘하고 치밀하다. 공동체 안에서 영적 관계를 파괴하는 여섯 가지 대표적인 위험은 죄, 교만, 적대감, 불신, 듀프라스 그리고 상호 의존증이다.

죄[220)

죄의 본질은 자기중심주의이고, 그 주 기능은 관계 파괴이다. 죄는 경배해야 할 하나님과의 관계를 파괴하고, 사랑해야 할 인간관의 관계를 파괴하고, 더불어 살아야 할 자연을 파괴케 한다. 죄는 총체적 관계 단절에 이르게 한다.

인간에게 구원은 전적인 은혜이고 죄는 운명이다. 인간은 죄 짓는 방법을 배울 필요가 없는 자들이다. 잉태될 때부터 죄 된 방식으로 행동하도록 이미 준비 완료된 상태인 인간은 태생적으로 죄와 친밀할 수밖에 없는 존재이다. "놀이방에서 장난감을 가지고 싸우는 이기적인 아이들을 볼 때 우리는 다윗의 한탄을('내가 죄악 중에 출생하였음이여, 모친이 죄 중에 나를 잉태하였나이다. 시 51:5)을 이해할 만하다."[221] 죄는 친밀감을 파괴하여 "사람을 사귐에서 떠나게 한다."[222]

고든 맥도널드는 죄가 영적 관계의 발산적 특징인 친밀감 상실의 주원인이라고 말하면서 그 결과를 다섯 가지로 나누어 설명한다.

첫째, 친밀감의 상실은 하나님과의 분리로 나타난다. 최초 남녀는 그분과 막힘 없는 교제를 누렸다. 그러나 타락 이후 회피의 대상이 되고, 하나님을 피해 숨으려는 성향이 생겼다.

둘째, 친밀한 관계 – 아담과 하와 각자의 자기 자신과의 관계 – 의 깨어짐이다. 이로써 각 사람 안의 한 부분이 변명과 그릇된 구실투성이로 온전한 인간의 모습을 상실하였고, 자아 각 부분도 더 이상 다른 부분과 친밀함을 누리지 못하는 자기 분열 현상이 일어났다.

셋째, 친밀함의 가능성이 사라졌다. 아담과 하와 사이의 친밀함이 사라지고, 추궁을 받게 된 이들은 서로 자기 행동에 대한 책임을 거부하고 방어와 회개 거부를 통해 자신의 행동 원인을 타인에게 돌리는 교만한 마음을 모든 인류 앞에 드러냈다. 이로써 아담과 하와가 누린 끝없는 친밀한 관계는 사라졌다.

넷째, 친밀함 – 모든 피조 세계와의 관계 – 의 특권 상실이다. 타락 이전 인간에게는 자연 생물을 지배하는 기쁨이 있었고, 일이란 곧 하나님이 자신의 영광을 나타내시기 위해 창조하신 것을 발견하고 누리는 것이었으나, 이제 자연과 싸워야 하며, 자연은 인간의 명령에 고분고분하지 않게 되었다.

다섯째, 자연이 자연을 파괴하는 현상으로 모든 자연이 악의 독성의 영향에 있는 것이다. 그 결과 자연은 더 이상 의도대로 창조주의 영광을 드러내는 온전한 통로가 아니다. 바울은 모든 피조물이 하나님의 자녀들의 구속을 기다리며 탄식하고 있다고 본다.[223]

이 시대가 처한 최대의 비극은 '친밀감을 증진시키는 법을 배울 수 있는 기초적인 사회 조직도 없고, 그럴 기술이나 시간도 없

태초에 관계가 있었다

다.'는 것이다.[224] 마르다 턴을 말한다. "요즘 사람들이 성적인 부분에 그토록 집착하는 중요한 이유는 그들이 사회적인 친밀함에 목말라 있지만 그것을 만들어 내는 법을 모르기 때문이다. 거기에 덧붙여, 대중 매체는 친밀감 형성의 유일한 방법은 누군가와 침대에 함께 눕는 것이라는 메시지를 하루에 95번 이상 내보낸다. 많은 젊은이가 사랑을 찾으려는 절박한 마음에서 이성과의 성적인 결합에 정신없이 빠져든다."[225]

죄는 영적 관계의 시작을 막는 가장 근원적인 것이다. 사탄은 영적 관계를 통해 흘러갈 권능을 너무나 잘 알았기에 아담과 하와로 하여금 원죄 가운데 영적 관계가 깨어지도록 유혹하였던 것이다. 죄의 영향력은 영적 관계를 끝없이 파괴한다.

교만

문제가 생기거나 죄를 범했을 때 그것을 털어놓아야 할 대상 앞에서 잡아떼는 것도 교만이다. 변명이나 합리화, 자기방어의 이면에는 교만이 숨어 있기 마련이다.[226] 영적 건강 상태가 악화되거나 영적 감각이 둔화될 때 나타나는 "교만은 원죄에서 비롯하는 근본적인 악덕 가운데 하나이다. 교만한 마음을 품게 되면 모든 태도와 행동에서 다른 사람들을 무시하고 스스로를 높이려는 의도가 역력히 드러난다."[227] 교만만큼 관계를 급진적으로 파괴시키는 것은 없다. 교만한 사람은 감정적, 정신적, 영적으로 우리를 학대한다. 교만은 "자신이 남보다 뛰어나다고 여기며 혼자 잘난 체하는 주제넘은 감정"이고, 또 "극단적인 이기주의이며 태도가 불손하며 자신이 대단한 척하는 것"이기에 자신의 연약함과 타고난 한계를 받아들이지 않는다.[228]

또한 "교만은 그 병을 앓고 있는 사람을 제외한 모든 사람을 역겹게 하는 아주 희귀한 질병"[229]이며, "모든 악의 요새며 극치다."(데오필락트) "교만은 오직 자유로운 독립을 갈망하는 이기적인 영적 자기 충족(self-sufficiency)이다."[230] 오스왈드 샌더스에 의하면 "교만이라는 단어는 문자적으로 '다른 사람보다 자신을 더 낮게 여기는 사람'이라는 뜻을 가지고 있다."고 한다. 그는 교만의 네 가지 특징을 제시한다.

첫째, 교만은 자신을 신격화하는 것이다.
둘째, 교만은 하나님으로부터 독립하려는 특징을 가지고 있다.
셋째, 교만은 다른 사람을 경멸하는 것과도 연관이 있다.
넷째, 교만은 본질적으로 경쟁적인 본성이 있다.[231]

태초에 관계가 있었다

교만은 숨겨진 야욕으로 가득 찬 특권 의식이다. 이 특권 의식은 자신과 타인을 분리하고, 또 공동체적으로는 계층을 분리한다. "공동체 안에서 다른 구성원과 자신을 분리함으로써 정체성을 발견하는 순간, 우리는 다른 구성원들을 잃게 되고 예수님의 복음은 엄청나게 파괴된다."[232] 이 치명적인 영적 관계 파괴의 주요인인 교만은 또한 모든 관계를 자신이 통제하려고 한다. 하나님과의 관계에서 자신이 주도권을 잡고 관계를 통제하려 들고, 타인과의 관계에 있어서도 그 관계를 통제하는 것은 악이다. 죄는 회개함으로써 씻어지지만, 악은 회개하지 않는 죄의 종착점이다.

회개하지 않는 죄는 악이라는[233] 관점에서 볼 때, 인류에게 있어서 교만은 회개할 줄 모르는 악이다. 죄는 회개를 통해 용서받지만, 악은 멸망에 이르게 한다. 악은 드러나지 않으면서 개인과 관계를 파괴하고, 영적 공동체를 파괴한다. 악은 하나님 나라의 확장에 대항하는 사탄의 교활한 활동이며, 교만은 이 활동을 조장하는 심리적 메커니즘이다. 교만은 어떠한 경우에라도 방치해서는 안 된다. 플로이드 맥클랑의 경고에 귀를 기울이자. "교만을 그대로 방치해 둔다면 언젠가는 그것이 우리를 속이고 눈멀게 하며 우리의 삶 속에서 역사하게 된다. '너의 중심의 교만이 너를 속였도다.'(옵 3) 이것이 바로 그 숨겨진 죄인 것이다."[234] 교만은 죄와 분로를 극대화시켜 관계를 파괴한다.

적대감

사회생활을 하면서 나를 의심하는 사람과 내게 적대감을 품은 사람 중 내가 감당하기 힘든 이는 누구인가? 나를 의심하는 이와 있는 것도 힘들고, 내게 적개심을 품는 이와 함께 하는 것도 힘들지만, 내 경우는 나를 적대시하는 사람과 같이 사회생활을 하기 정말 힘들었던 경험이 있다. 적대감이란 상대를 적으로 여기고 있다는 것이다. 적은 제거해야 할 대상이기에, 한 번 적대감을 품게 되면 화해하기가 참으로 힘들다. 영성이 고갈되었을 때 나타나는 적대감(고든 맥도널드는 적대감을 영적 열정을 파괴하는 네 가지 영 중 하나라고 한다)[235]으로 인한 영적 관계 파괴는 주변에 만연한 현상이다.

불신

> 우리의 사귐에서 성내는 죄가 너무나 쉽사리 터지는 것은 우리의 사귐 속에 그릇된 명예욕이 얼마나 많이 살아 있느냐 하는 것, 다시 말하면 불신이 얼마나 많이 살아 있느냐 하는 것을 거듭 드러내는 것입니다.[236] – 본회퍼

불신은 관계에 틈을 내고 그 틈을 녹슬게 하여 관계 회복을 요원하게 하는 독성이 있다. 불신은 하나님에 대한 불순종의 결과이자 동시에 모든 영적 관계를 파괴시킨다. 불신은 상대에 대한 인정과 용서와 격려 그리고 동행을 거부하는 죄이다. 불신은 관계의 접착력을 완벽하게 파괴하는 '관계 암'으로 모든 암 중에 가장 악성이다. 이는 다른 모든 암의 주원인일 가능성이 높다. 암을 유발하는 스트레스의 가장 큰 원인 중 하나가 불신이기 때문이다.

모든 그리스도인은 관계 암에 걸리지 않도록 늘 영적 건강을 유지해야 하며, 또 이 암에 걸렸는지를 늘 조기 진단해야 한다. 관계 암을 예방하고 제거하는 최고의 치유제는 하나님의 사랑과 은혜의 강에 깊숙이 빠져 살면서 이웃도 그 강에 스스로 빠질 수밖에 없도록 무조건 그들을 사랑하는 것이다. 아가페와 은혜의 강에 깊숙이 빠져 살지 않으면 우리는 아가페를 행할 수 없다. 아가페 사랑은 관계 암의 특효약이다.

불신이라는 바이러스가 조직 내에 침입하게 되면 조직은 걷잡을 수 없는 위협을 받게 된다. 조직 구성원들이 서로 신뢰하지 못하기 때문에 감시를 해야 하며 이중 장치를 두어야 하는 어려움이 생기게 된다. "아, 저 사람이 나를 믿지 못하고 있구나!" 하는 생각을 하게 되면 그때부터 구성원 개개인이 지니고 있는 역량, 특히 창의적 자발성이 상당 부분 감소하게 된다. 그리고 이러한 불신이 팽배해 있으면 약간의 외부적 충격이 와도 곧 조직적 영적 관계력이 와해되는 취약한 조직 구조를 지니게 되는 것이다. 의사소통이 원활히 되지 않기 때문에 업무 효율성이 떨어지고 중복되는 일이 많아진다. 이는 결국 원가 상승의 요인으로 직결된다. 팀워크가 형성되지 않기 때문에 팀 과제 수행에 있어 효과가 떨어지고, 그것은 결국 조직 성과의 하락으로 연결되게 될 것이다. 조직 성과적인 차원에 있어 비용이 증가하게 되고 수익이 감소하여 그 조직의 성과는 떨어지고, 이것이 지속되면 결국 조직도 사망을 하게 되는 것이다.[237]

듀프라스

"사랑한다는 것은 두 사람이 서로 마주 보는 것이 아니라 두 사람이 함께 같은 방향을 쳐다보는 것이다."(생텍쥐베리) '두 사람이 서로 마주 보기에 집중하는 관계' 또는 "두 배우자가 서로에게 집중되어 있어 아무도, 심지어 자녀들까지도 그 친밀함을 함께 나눌 수 없는 관계"를 '듀프라스'라 한다. 그런데 이 듀프라스가 주는 악영향은 심각하다.[238] 또 인간의 우정과 동정이 "만약 그것이 공동체의 다른 구성원들로부터 자신을 감추기 위해 같은 환경과 같은 포부를 지닌 사람들끼리 모여 사는 것을 의미한다면"[239] 이 공동체 안에서는 영적 관계가 처음부터 불가능하다.

태초에 관계가 있었다

나는 졸저《일터@영성》에서 소위 아가페 사랑과 일에 대한 소명 의식조차 상실한 채 직업의식에 젖어 개인주의적 근면주의인 개미주의(antism)에 빠져 살면서 닫혀진 시각과 무비전, 그리고 제로 리더십으로 살아가는 개인 이기주의와 가족 이기주의를 비판했는데, 이는 전형적인 듀프라스의 악영향이다.

성실·근면하게 열심히 일하는 목적이 자신과 가족의 생존과 안전만을 지키기 위한 경우이다. 일종의 소시민적 가족 중심주의이다. 산업 혁명 이후 생겨날 수밖에 없었던 도시화는 일터와 교회와 집을 분리시켰다. 이로 인해 기독교인들은 일터 '분할적 믿음'[240]을 가지게 되었고 서구 유럽과 북미의 가족 중심주의가 생겨나게 되었다. 세속주의의 기폭적인 역할을 했던 도시화의 영향으로 가족 중심주의가 발생했음을 고려할 때 이 가족 중심주의는 세속화[241]와 그 맥락을 같이한다. 가족 중심주의 또는 가족 이기주의의 특징은 자신과 가족의 폐쇄성이 너무 강하며, 이웃과 사회에 대한 무관심이 극에 이른다는 것이다. 이는 현대인의 전형적인 특징 중의 하나이다. 그러나 이러한 가족 이기주의는 가족 이외의 다른 관계에 대한 무관심과 심지어는 그들과의 관계 파괴로 인해 "네 이웃을 네 몸처럼 사랑하라"는 명령을 위반하는 것이다.[242]

상호 의존증

'외로움에 기댄 관계'처럼(헨리 나우웬) 자신의 불완전함과 결핍감을 채워 줄 수 있는 대상을 찾아 기대어 자신의 불완전함과 결핍감을 충족시켜 줄 것이라고 믿는 심리를 말한다. 예를 들어, 어떤 부부가 상대방의 감정이나 고민, 불안에 민감하게 반응하며 거기에 휩쓸리거나 전염된 상태로 부부 두 사람 모두 문제 자체에 매몰된 상태에 빠졌다면 이것이 '상호 의존' 상태이다. 이 상호 의존의 결과는 당연히 관계 파괴이다.

'상호 의존' 상태에 빠지지 않으려면, 또 이 상태에서 빠져나오려면 "부부 각자가 스스로 평안한 사람, 자기를 사랑하는 사람들이어야 한다. 그래야 서로를 사랑하고 참아 내면서 갈등을 현명히 처리하는 힘을 키울 수 있다."[243] 결혼 생활은 부부 각자가 한 인간으로서의 성장하고 성숙하기 위한 도전 정신을 요구한다. 상호 의존증에 빠지지 않으려면 관계를 형성하는 각자가 건강한 심리를 가지고 있어야 하며, 그런 자기를 진정으로 사랑할 줄 알아야 하고, 그리고 이웃을 자신의 몸처럼 사랑해야 한다.

관계를 영적 관계로
발전시키는 방법

> 모든 인간관계가 진실한 것이 되려면 그 근원을 하나님에게서 찾아야 하며 하나님의 사랑을 증언하는 것이 되어야 한다.[244] – 헨리 나우웬

한국을 대표하는 대기업 회장의 형제 사이에 부친이 남긴 유산 분배 문제로 분쟁을 생겼다. 이 사건은 소위 '화해 없는 마무리' 수순에 접어들었다는 세간의 소문이 있다. 작금에 유산 분배 문제로 형제간에 살인을 저지르는 일이 그렇게 드물지 않은 현실이다. 부모의 재산을 노리고 부모를 해하는 패륜적 범죄도 있다. 이 불행의 표면적 원인은 돈이지만, 그 실제적인 원인은 관계의 문제이다.

누가복음 15장에서 '탕자의 비유'는 아버지와의 관계와 영적 관계가 단절된 두 아들의 비유이다. 아버지를 떠난 작은아들은 아버지와의 관계와 영적 관계가 단절되었다. 큰아들 역시 일상 가운데 아버지와 관계는 형성되어 있으나 영적 관계는 파괴되어 있었다. 아버지와 늘 같이 살면서도 아버지의 마음을 헤아리지 못했기 때문이었다. 이런 의미에서 탕자의 비유는 "관계와 영적 관계에 관한 이야기이다. 더 정확히 말하자면 영적 관계에 대한 이야기다."[245)]

또 이르시되 어떤 사람에게 두 아들이 있는데 그 둘째가 아버지에게 말하되 아버지여, 재산 중에서 내게 돌아올 분깃을 내게 주소서 하는지라 아버지가 그 살림을 각각 나눠 주었더니 그 후 며칠이 안 되어 둘째 아들이 재물을 다 모아 가지고 먼 나라에 가 거기서 허랑방탕하여 그 재산을 낭비하더니 다 없앤 후 그 나라에 크게 흉년이 들어 그가 비로소 궁핍한지라 가서 그 나라 백성 중 한 사람에게 붙여 사니 그가 그를 들로 보내어 돼지를 치게 하였는데 그가 돼지 먹는 쥐엄 열매로 배를 채우고자 하되 주는 자가 없는지라 이에 스스로 돌이켜 이르되 내 아버지에게는 양식이 풍족한 품꾼이 얼마나 많은가 나는 여기서 주려 죽는구나 내가 일어나 아버지께 가서 이르기를 아버지 내가 하늘과 아버지께 죄를 지었사오니 지금부터는 아버지의 아들이라 일컬음을 감당하지 못하겠나이다 나를 품꾼의 하나로 보소서 하리라 하고 이에 일어나서 아버지께로 돌아가니라 아직도 거리가 먼데 아버지가 그를 보고 측은히 여겨 달려가 목을 안고 입을 맞추니 아들이 이르되 아버지 내가 하늘과 아버지께 죄를 지었사오니 지금부터는 아버지의 아들이라 일컬음을 감당하지 못하겠나이다 하나 아버지는 종들에게 이르되 제일 좋은 옷을 내어다가 입히고 손에 가락지를 끼우고 발에 신을 신기라 그리고 살진 송아지를 끌어다가 잡으라 우리가 먹고 즐기자 이 내 아들은 죽었다가 다시 살아났으며 내가 잃었다가 다시 얻었노라 하니 그들이 즐거워하더라 맏아들은 밭에 있다가 돌아와 집에 가까이 왔을 때에 풍악과 춤추는 소리를 듣고 한 종을 불러 이 무슨 일인가 물은대 대답하되 당신의 동생이 돌아왔으매 당신의 아버지가 건강한 그를 다시 맞아들이게 됨으로 인하여 살진 송아지를 잡았나이다 하니 그가 노하여 들어가고자 하지 아니하거늘 아버지가 나와서 권한대 아버지께 대답하여 이르되 내가 여러 해 아버지를 섬겨 명을 어김이 없거늘 내게는 염소 새끼라도 주어 나와 내 벗으로 즐기게 하신 일이 없더니 아버지의 살림을 창녀들과 함께 삼켜 버린 이 아들이 돌아오매 이를 위하여 살진 송아지를 잡으셨나이다 아버지가 이르되 얘 너는 항상 나와 함께 있으니 내 것이 다 네 것이로되 이 네 동생은 죽었다가 살아났으며 내가 잃었다가

얻었기로 우리가 즐거워하고 기뻐하는 것이 마땅하다 하
니라.(눅 15:11-32)

위 구절은 성경 전체를 통틀어 아버지 하나님의 마음을 가장
잘 드러낸 비유이다. 이를 통해 네 유형의 관계를 분류해 낼 수가
있다.

첫째, '탕자의 유형' : 관계와 영적 관계가 다 단절된 경우이다.
무신론자와 세속인이 이 유형에 속한다. 이들에게는 다음의 10가
지 특징이 있다.

1. 기독교에 대하여 전혀 모르고 관심이 없다.
2. 죽음 이후보다는 죽음 이전의 삶을 즐기며 모색한다.
3. 죄에 대하여 고민하기보다는 의심에 대하여 고민한다.
4. 교회에 대하여 부정적인 생각을 한다.
5. 하나로 단정할 수 없다. 총체적인 세속화이다.
6. 남을 안 믿는다.
7. 자존감이 없다.
8. 역사를 통제 불능으로 본다.
9. 인간을 통제 불능으로 본다.
10. 스스로 구원의 문을 찾을 수 없다.[246]

태초에 관계가 있었다

둘째, '큰아들 유형' : 관계는 유지되는데 영적 관계가 파괴된 유형이다. 스스로 그리스도인이라고 말하지만, 일상 가운데 하나님을 인정하지 않고 살아가는 사람들이 이 유형에 속한다. 이런 그리스도인들을 주변에서 쉽게 만난다. 영적인 것에는 전혀 관심이 없으면서 영적 직위에 있는 이들, 그리스도와의 친밀함과는 전혀 무관하면서도 교회에 충성하는 이들 등이 예가 된다.

셋째, '위선자 유형' : 일상에서는 외면하고 반목하다가 영적인 영역에서만 상대를 인정하는 척하는 유형이다. 생업 혹은 일상의 관계 속에서 잦은 갈등과 다툼을 계속하고 또 매우 주도면밀한 경쟁을 하다가도, 자신들이 교회와 같은 영적인 환경에 노출되면 사랑으로 위장하는 이가 적지 않다. 위선이란 일반적으로 그 정반대의 것을 숨기려는 전략이다. 사랑으로 위장하는 능력이 있는 이들일수록 악한 사람들이다.[247]

넷째, '성숙한 그리스도인의 유형' : 소금과 빛의 사명을 감당하는 성숙한 그리스도인의 영적 관계이다. 시민권이 하늘에 있으므로 그렇지 못한 사람들과는 분리되지만, 그들에게서 고립되지 않는다. '너희는 세상의 소금과 빛'이라 하시면서 '가서 모든 족속으로 제자 삼으라'라는 주님의 명령에 자발적으로 순종한다. 이들에게 자신의 일터는 예배의 터이자 사역이 터이다. 이들의 사역 유형에는 가사 사역(주부의 경우는 가정이 바로 사역지이며 가사가 바로 사역이다), 일터 사역(marketplace ministry, 자신의 일터, 예를 들어 학생은 학교, 직장인은 직장, 군인은 부

대에서 성실함과 성숙한 인격, 그리고 일에서의 성취를 통해 그리스도를 증거하는 사역), [248]
텐트메이킹 사역, 사업으로서의 선교인 BAM(Business As Mission) 사역 등으로 통틀어 '삶이 곧 사역(life as mission)'이라 할 수 있다. [249] 그리스도인이 세상에서 고립되면 신앙과 사역의 역동성을 상실하지만 '성숙한 그리스도인'들은 세상의 일터와 영적 공동체를 분리하지 않는다.

저차원 지향적 인생을 사는 이들이 있고, 고차원 지향적 인생을 사는 이들이 있다. 누구라도 세상을 본받아 살다 보면 자연스레 저차원적 삶을 살게 된다. 고차원적 삶을 위해서는 부단히 노력해야 한다. 고차원적 삶을 한마디로 정의하면 '성숙한 관계를 누리는 삶'이다. 성도는 저차원적인 관계(탕자의 삶)에서 '성숙한 그리스도인'의 관계로 발전해야 한다.

상대적으로 저차원적인 관계를 고차원적인 영적 관계로 발전시키기 위한 다섯 가지 방법이 있다.

첫째는 그리스도를 유일하신 구원자로 인정하고 그리스도 안에서의 새로 태어나야 한다. 둘째, 자신들의 관계 수준에 직면하는 것이며, 셋째, 그리스도 안에서 성장해야 한다. 넷째, 영적 친밀감의 형성과 유지이며, 마지막으로 성령의 다루심을 바라고 일심으로 하나 되어 기도하는 것이다.

태초에 관계가 있었다

거듭나야 한다

거듭나는 것은 새로운 질서에 속했다는 것이자 새로운 차원의 관계인 영적 관계라는 영적 환경에 진입했음을 의미한다. "그런 즉 누구든지 그리스도 안에 있으면 새로운 피조물이라. 이전 것은 지나갔으니 보라 새것이 되었도다."(고후 5:17) 거듭났다는 것은 예수님을 믿음으로 또 그분으로 인하여 하나님과의 관계를 되찾아 하나님과의 관계적 존재로서의 자격을 되찾았다는 것을 의미한다. 거듭남의 경험은 하나님과 우리 사이의 진정한 화해자가 예수님뿐이신 것을 알게 되는 체험이다. 이 체험은 동일한 체험을 했고, 하며, 하게 될 그리스도 안의 새 사람들과 하나 됨을 이룰 수 있는 이유이며 동력이다.

직면해야 한다

타인의 마음을 상하게 할까 봐 염려하기도 하는데, 그렇다면 우리는 건강한 관계에 대해서 잘못 알고 있는 것이다. 솔직하게 행동하는 것이 간혹 상처를 안겨 줄 수도 있지만, 서로가 진실하다면 그러한 상처는 자연스러운 결과로 받아들여야 한다. 다만 솔직하게 말할 때도 의도적으로 상처 주고 악담하는 태도는 피해야 한다. 그리고 침묵에도 악의가 깃들 수 있음을 기억하자. "폭력보다 침묵 때문에 파경에 이르는 결혼이 더 많다." 침묵이 폭력을 초래하는 경우도 흔하다! – 마르틴 파도바니

어떤 사람이 100m 달리기에서 상상을 초월하는 속도로 달려 세계 신기록을 세웠다고 해도 결승선 반대 방향으로 달렸다면 그의 기록은 인정되지 않는다. 또 장애물 경기에서 결승선을 가장 빠른 속도로 통과했다고 해도 장애물을 넘지 않았다면 그는 실격이다. 인생은 장애물 경주와 같다. 인생의 장애물에 직면하여 그것들을 넘거나 쓰러뜨리면서 결승선으로 달려야지, 그것들을 피하면 그 인생은 실격이다. 지혜로운 그리스도인들은 문제에 적극적, 전략적으로 대처하며 직면한다. 그리스도인들은 건강치 못한 관계에 연루되어서는 안 되나, 혹이라도 문제에 직간접적으로 연루된 경우라면 회피하거나 도피하지 말고 적극적으로 직면해야 한다. 관계에 있어서 세 가지 유형의 직면이 있다.

'성격 대 성격'의 직면

자아가 처리되지 못한 이들은 자신의 수치스러운 자아를 가리려고 가면(마스크, 페르조나)을 쓴다. 이들에게 모든 관계는 '인격 대

인격'도 아니고, '자아 대 자아'도 아니고, '성격 대 성격'도 아닌 '가면 대 가면'으로 시작된다. 사람들이 가면을 쓰는 이유는 자신의 부패된 자아의 악취에 영향을 받는 성격을 감추기 위함이며, 이 자아를 처리하기보다는 가면을 쓰고 사는 데 더 익숙해진 까닭이다.

그러나 가면을 벗으면 모든 성격은 칼과 창을 숨기고 있어서 가까이할수록 찔리고 찌르는 아픔을 주고받는다. 이는 관계의 역설이다. 가장 저차원적이면서 흔한 관계의 유형이다. 스스로는 자신의 성격에 익숙해져 있으므로 자신의 날카로운 가시와 예리한 창칼이 타인에게 주는 고통을 느끼지 못한다. 그러나 이 창과 칼에 고통을 받는 타인이 있다. 자기 식의 사랑과 자기 식의 관계 형성과 유지 방법이 폭력적이기 쉽다.

'성격 대 성격'의 관계에서 한 사람은 찌르고 상대는 일방적으로 찔림을 당하는 경우가 가장 흔하다. 이때 찔림을 당하는 사람은 늘 깊은 상처와 한의 늪에서 벗어나지 못한다. 참담한 현실이다.

'성숙 대 성격'의 직면

"누구든지 너에게 억지로 오 리를 가게 하거든 그 사람과 십 리를 동행하라."는 예수님의 말씀은 그리스도인의 성숙에 관한 명령이다.(마 5:41) 성숙은 "자신이 가고 싶지 않은 곳으로 기꺼이 이끌려 갈 수 있는 능력이다."[250] 성격은 찌르지만, 성숙은 품으

173

Chapter 03 영적 관계

며 동행한다. '성숙 대 성격'은 성숙이 일방적으로 성격을 품어 동행하는 관계이다. 탕자의 비유에 등장하는 아버지는 성숙이고 두 아들은 성격이다. 계속 찌르기만 하면서도 성격은 자신이 더 아프다고 더 신음만 할 뿐, 성격을 품고 있는 성숙의 아픔을 이해하지도 인정하지도 못한다. 성숙은 이렇게 찔리면서 찌르는 자를 품고 동행하는 것이다. 성숙은 '상처받는 치유자의 몫'이다.

'성숙 대 성숙'의 직면

다윗이 밧세바와 범죄하였을 때, 나단은 자신의 생명을 걸고 다윗과 직면하여 다윗의 죄를 말하였다. 그러자 다윗은 "내가 여호와께 죄를 범하였노라."(삼하 12:13)고 고백했다. 성경에 등장하는 대표적인 '성숙 대 성숙의 직면'이다. 성숙은 실패할 수도 있고 죄를 범할 수도 있다. 그러나 어떤 경우도 영적 친구의 직언을 받아들이며 회개의 기회를 놓치지 않는다. 회개하지 않는 성숙은 존재하지 않다. '성숙 대 성숙'으로 만나는 관계는 서로에게 영적 친구이다. 영적 친구란 "자기 자신에게 하듯 서슴지 않고 동등한 입장에서 말할 수 있고, 자신의 잘못을 두려움 없이 털어놓을 수 있는 사람. 영적 생활의 진보를 부끄러움 없이 알려 줄 수 있는 사람. 모든 비밀을 알려 주고, 모든 생각을 말해 줄 수 있는 사람이다."[251]

영적 친구는 영적으로 성숙한 관계를 형성하고 있다. 이런 관계가 되어야 영적 시너지를 기대할 수 있으며, 동역이 가능하다. 성숙과 성숙으로 직면하는 영적 친구는 늘 "서로를 돌아보아 사랑과 선행을 격려한다."(히 10:24) 직면은 하나님께서 우리에게 주신 영적 관계인 영적 관계를 회복하는 데 반드시 통과해야 하는 터널이다.

영적 관계가 깨어진 소위 '사이비 공동체적' 관계 속에서는 가능하면 그 관계나마 파괴하지 않으려는 노력으로 결혼 생활, 가족 관계 또는 친구들 사이의 교제가 모두 피상적인 차원의 평화를 유지하려 한다. 그러나 이는 진정한 평화가 아니다. 이렇게 피상적인 차원으로 유지된다면 얼마 지나지 않아 관계는 형편없이 악화되고 만다. "마음속에 꼭꼭 쌓아 둔 상처와 오해는 분리와, 불신, 아픔을 불러일으킨다. 사랑의 감정이 죽어 가기 시작한다. 이런 비극은 결혼 생활과 가족 관계, 교우 관계 속에서 종종 일어난다."[252]

이 사이비 공동체의 독성을 처리하기 위해서는 "상처가 고스란히 드러나고, 적대감이 적나라하게 노출되며, 험한 질문들이 오가는 '카오스의 터널'을 지나야 한다."[253] 이러한 직면의 과정에서 어떠한 어려움 생겨나고, 또 감당할 수 없는 대가를 지불해야 한다 할지라도 우리는 이 터널을 통과해야만 한다. 그러지 않고는 영적 관계를 형성할 수 없기 때문이다.

그리스도 안에서 성장해야 한다

자녀들은 부모 품에 있을 때 사회생활에 충분히 적응할 수 있도록 자라야 한다. 그래야 독립해서 세파를 당당히 이겨 내고 생존할 수 있을 뿐만 아니라, 하나님의 주시는 비전을 이룰 수 있는 능력과 리더십을 발휘할 수 있다. 이와 같이 그리스도인은 그리스도 안에서 "그리스도의 장성한 분량에 이르기까지"(엡 4:13) 성장해야만 한다.[254]

영적 친밀함을 형성하고
유지하는 데 헌신해야 한다

영적 관계에는 영적 친밀감이 필수이다. 영적 관계가 영적 관계 형성의 상태를 의미한다면, 영적 친밀감은 영적 관계를 성숙하게 누리는 것이다. 예수님은 친밀감의 모델이다. "친밀감을 주고받는 능력에서 예수님을 따라올 사람은 아무도 없다"[255]

(1) 예수님께서 친밀감을 형성하시고 유지하시는 방법은 너무도 파격적이었다. 예수님의 지상 사역 당시는 극소수의 지배층에

태초에 관계가 있었다

의해 대다수의 백성이 희생당하고 있는 상황이었다. 학대와 착취 그리고 냉대 등으로 백성들 사이에는 매우 부정적 관계만이 형성되어, 이들 사이엔 불신과 반목만이 존재하고 있었다.

> 예수님이 사셨던 세상은 잔인하고 인간을 학대하고 착취하기로 유명했으며, 그것은 모두 친밀함과는 상반되는 것이었다. 그러나 예수님은 이 모든 것을 헤쳐 나가셨다. 군인들, 타락의 대명사로 알려진 상인들, 평판이 좋은 혹은 나쁜 여자들, 어린아이들, 하인들, 종교 지도자들 등 그분은 누구와도 관계를 맺을 줄 아셨다. 그분은 어느 누구를 대할 때에도 무리하게 밀어붙이지 않으셨다.[256]

예수님은 이들 모두를 사랑으로 받아들여 친밀감을 형성하셨다. 예수님과 만난 모든 이는 자신들 안에 있는 불신과 반목과 증오 등이 사라짐을 느낄 수 있었다. 또한 예수께서 자신들에게 보여 주신 사랑은 당시 존경받지 못하던 권위자들의 그것과는 차원과 격에 있어서 달랐다. 예수께서는 파격적으로 백성들에게 다가가셨으며, 그 친밀감 유지의 방법도 무척 독특했다. 그것은 무조건적이며 십자가의 사랑이었다. 레너드 스윗은 이 사랑을 다음과 같이 감동적으로 묘사한다.

하나님은 명제를 전하려고 예수를 보내신 것이 아니다. 하나님은 "너희가 나를 사랑하겠느냐, 내 사랑을 받아 주겠느냐?"는 프러포즈를 하시려고 예수님을 보내셨다. 사실 예수님은 하나님의 그 프러포즈를 하시려고 무릎을 끊으신 정도가 아니라 십자가에 못 박히셨다.[257]

(2) 예수님이 열두 제자를 선택하셔서 친밀 공동체를 형성하시고 유지하시는 방법은 탁월하며 독특했다. 예수께서 열두 제자를 선택하셔서 친밀 공동체를 형성하시는 데 있어서 세 가지 특이한 점이 있다.

첫째는 예수께서 제자들을 먼저 찾아 선택하신 것이다. 예수님 당시는 누구든지 제자가 되려면 먼저 스승을 찾아갔다. 그러나 예수님께서는 먼저 제자를 찾아가셨다. 이는 전례가 없는 파격적인 일이었다.[258]

두 번째는 "나를 따르라"는 두 마디 말씀으로 제자들을 택하셨다는 것이다. 그런데 '나를 따르라'는 "그 의미를 확실히 알 때 비로소 가공할 위력을 발휘한다."

예수님은 "이 가르침을 따르라"든지 "이 관념을 따르라"든지 "이 계명을 따르라"든지 "이 의식(儀式) 생활을 따

태초에 관계가 있었다

> 르라"고 하시지 않았다. 그분은 "나를 따르라"고 하셨다!
> 우리가 예수님을 따름은 그분을 이해하거나 그분에 관한
> 진리를 알아서가 아니다. 그것은 그분이 곧 진리이며, 자
> 신과의 관계를 통해 우리를 진리 가운데로 인도하시기 때
> 문이다.[259]

세 번째는 예수께서 열두 제자에게 투자하신 시간이다. 예수님은 12제자(key leaders), 70인(core members), 무리(crowd) 등 세 부류의 대상을 섬기셨다. 공관복음서를 연구해보면, 예수께서는 자신의 공생애 3년 중 50%의 시간을 투자하여 12제자를 섬기셨고, 70인에게는 35%, 그리고 무리를 위해서는 15%를 사용하셨다. 이는 오늘날 목회자들이 무리를 위해 75%, 중요한 교인들(core members)을 위해 15%, 그리고 핵심 리더들(key leaders)을 위해 10%의 시간을 사용하는 것과는 커다란 차이가 있다.[260] 예수께서 12제자에게 공생애 50%의 시간을 투자하신 것은 아가페 사랑과 친밀함의 영적 관계를 제자들에게 몸으로 보여 주시고, 제자들에게 이것이 체화되어야 하는 시간을 필요했기 때문이다.

'12제자 공동체'는 사랑을 결단하고 실행하는 공동체이다. 이 친밀 공동체는 그 자체로 사랑이라는 메시지를 세상에 보여 주며, 행동하는 사랑의 언어로 복음을 세상에 노출시켜야 했다. 바로 이를 위해 예수께서는 12제자를 직접 선택하셨으며, "나를 따

르라"고 명하시며 가장 많은 시간을 투자하셨던 독특한 전략을 사용하신 것이다.

(3) 제자들에게는 예수님과의 친밀감을 통해 체험한 천국을 세상에 전할 사명이 주어졌다. 예수님과 동행하며 인도하심에 순종한 결과는 영적 관계를 이루어, 이를 유지하고 확산하는 것과 깊은 관련이 있다. "주 너의 하나님을 사랑하고 네 이웃을 네 몸처럼 사랑하라"는 또한 '주 너의 하나님과 친밀한 관계를 형성하고 그들과 친밀하게 영적 관계하라'로 다르게 표현할 수 있다. 세상은 이런 친밀한 관계를 갈망한다. 그래서 "이런 친밀한 관계를 애타게 찾고 있는 세상이 제자들과 그들을 따르는 자들의 그런 모습을 보면 그야말로 깜짝 놀라 예수께 나아오게 될 것이다. 이들의 함께하는 삶을 통해 모든 사람이 '친밀함-인간의 영혼이 애타게 찾고 있는-은 가능하다고 하는 메시지를 분명히 목격하게 될 것이다. 이 일은 실제로 이루어졌다. 세상이 이들에게서 바로 그 메시지를 보았던 것이다."[261]

그런데 하나님께서 친히 이 땅에 오셔서 당신의 대의를 이루기 위해 택하여 세운 제자/영적 투사 공동체의 총원은 겨우 12명이었다. 이 적은 인원으로 과연 세상을 구원하는 위대한 일을 감당한다는 것이 과연 상식적으로 말이나 되는가? 그런데 예수

태초에 관계가 있었다

께서는 이 적은 인원으로 세상의 변화를 이루셨다. 총인원 12명의 극소수로 구성되어 위대한 일을 이루어 낸 제자 공동체는 "오직 소규모 팀과 적은 무리만이 기술 및 대량화 과정을 완전히 탈피하는 어떤 것을, 그리고 지혜와 지식에 대한 사랑 및 이 사랑의 광선의 발산을 심화하게 만들 수 있었기 때문이다."

이에 대해 자크 마리탱은 다음과 같이 설명한다.

> 과거 어느 때보다도 현재는 소규모 팀과 적은 무리가 담당해야 할 과제가 더욱 분명하다. 그 과제란 인간과 그 영을 위해 가장 효과적으로 투쟁하는 것, 특히 사람들이 그토록 필사적으로 갈구하지만 현재 공급이 너무 부족한 그런 진리를 가장 효과적으로 증거하는 일이다. 왜냐하면 오직 소규모 팀과 적은 무리만이 기술 및 대량화 과정을 완전히 탈피하는 어떤 것을, 그리고 지혜와 지식에 대한 사랑 및 이 사랑의 비가시적 광선의 발산을 심화하게 만들 수 있기 때문이다. 그와 같은 비가시적 광선은 멀리 비치게 된다. 그런 광선은, 마치 핵분열과 미시 물리학의 기적이 물질세계에서 놀라운 위력을 갖고 있는 것처럼 영의 세계에서 엄청난 능력을 갖고 있다.[262]

'성령의 다루심을 바라고', '더불어', '일심으로 하나' 되어 '기도해야' 한다(행 1:14)

'성령의 다루심을 바라고'

간섭인가? 섬김인가? 간섭은 성령의 개입을 방해하여 더욱 관계를 악화시키게 되고, 반면 섬김은 성령의 개입에 동역하여 관계를 성장·성숙시킨다. 때문에 목회자로서 나는 관계의 문제로 힘들어하는 이들 사이에 개입하게 되면, 나의 개입이 그들의 관계에 간섭이 아닌 섬김이 되게 하기 위해 하나님께 지혜를 구한다.

모든 영적 관계는 그 시너지인 권능이 창출되어야 한다. 성령만이 유일한 도우심이다. 그러나 영적 관계에 성령 이외의 요소가 개입하게 되면 권능의 창출을 막는다. 영적 관계 형성과 유지를 위해서 우리는 성령의 다루심과 간섭에 적극적으로 응해야 한다. 어떠한 경우라도 그 영적 관계에 속한, 혹은 속하지 않은 모든 이가 이 영적 관계를 통제하고 간섭하는 일은 금물이다.

'더불어'

'더불어' 혹은 '함께함'(sun)은 영적 공동체에 가장 중요한 공동체 훈련의 환경이다. 공생애 기간 동안 예수께서도 제자들과 더불어 공동체로 활동하셨으며, 바로 이러한 환경에서 제자 훈련과

태초에 관계가 있었다

양육이 이루어졌다. 제자들의 입장에서 볼 때도 자신들과 함께한 예수와 동료들로 인해 자신들의 공동체 영성과 사역적 역량이 증대되었던 것이다.

> 또한 예수께서 승천하시면서 제자들에게 "예루살렘을 떠나지 말고 내게 들은 바 아버지의 약속하신 것을 기다리라"(행 1:4)는 명령을 받은 제자들은 다락방에 올라 더불어 전혀 기도에 힘썼다. 이런 환경에서 약속하신 성령이 임했고, 그러자 제자들의 관계는 영적 관계로 변화되었던 것이다.[263]

'마음을[264] 같이하여'

'마음'은 헬라어로는 kardiva(kardia), 우리말로 '카르디아'로 발음한다. 구약의 히브리어에서 사용된 마음을 뜻하는 단어가 10개 이상이 있지만, 그중에 마 5:8과 관련하여 가장 적절하며 대표적으로 사용되는 단어는 leb이다. 우리말로 '레브'라고 발음하는데, 그 어원은 '볼 것이다'라는 뜻을 갖고 있다. '마음을 같이 하다'는 '함께 보다'라는 뜻이다.

'마음먹기 달렸다.'란 말이 있다. 작정하면 해낼 수 있다는 뜻이다. 이 경우 마음은 우리에게 정보를 주어 결정하게 하는 기능을 하고, 몸은 그 결정을 행하여 이루는 기능을 한다. "마음은 포

괄적으로 사고 과정, 태도, 동기, 목적, 계획 등이 모두 포함한다. 구체적으로 말해, 창조적인 상상력(공감, 동정심, 이웃에 대한 관심, 아름답고 유익한 예술을 창조하는 기술, 표현력, 실기 능력, 역할 능력, 인간관계를 맺는 능력 등)은 물론 모든 형태의 분석 능력(추론, 계산, 성찰, 평가, 사색, 추측 등)을 의미한다."[265]

마음에는 세 가지 특성이 있다. 극성, 관성, 축척성이다.[266] 마음은 선이든 악이든 한 방향을 선택하는 극성이 있고, 그 방향을 향해 지속적으로 운동하려는 관성이 있으며, 한 방향으로 지속적으로 나아가면 모든 에너지와 정보가 축적된다는 것이다.

우리가 선한 방향을 택하기로 마음을 먹는다면 우리는 그 방향을 향해 지속적으로 나아가는 관성을 가질 것이고, 그 결과 우리의 마음에는 선한 것이 쌓인다는 것이다. 또 마음을 정하면 우리의 에너지가 그 방향으로 일관적으로 향하게 되고, 에너지가 가해질수록 가속도가 붙어 속히 일을 이룰 수가 있다는 것이다. 사도 바울은 그리스도인이 품어야 할 마음인 그리스도의 마음을 제시한다.

> 너희 안에 이 마음을 품으라 곧 그리스도 예수의 마음이니 그는 근본 하나님의 본체시나 하나님과 동등됨을 취할 것으로 여기지 아니하시고 사람의 모양으로 나타나사

자기를 낮추시고 죽기까지 복종하셨으니 곧 십자가에 죽으심이라.(빌 2:5-8)

그리스도께서는 이 마음을 품으시고 하나님의 뜻을 이루셨다. 사도 바울은 그리스도인에게 이 마음을 품도록 명한다. '예수님의 마음을 품다'는 '예수님과 같이 보다', '예수님과 같은 태도를 가지다'와 같은 뜻이다. 하나님처럼 긍휼한 마음으로 세상을 보시고, 하나님을 향한 예수님의 태도, 버림받고 소외받은 자들을 향한 예수님의 태도, 죽기까지 복종하시고 십자가를 지신 예수님의 태도를 우리가 취해야 한다는 것을 의미한다. 그리스도인이 예수님의 마음을 품으면 그다음에는 예수님의 태도를 닮아 따르게 된다는 것이다. 오직 한마음으로 예수님의 마음을 품으면 예수님을 따르게 되고, 그 결과 영적·사역적으로 성숙한 그리스도인이 된다는 것이다.

그런데 한마음을 품지 못하는 나뉜 마음을 염려라 한다. 염려는 죄다.(마 6:25) 그리스도에 향한 집중이 분산되고, 그리스도를 따르는 전적인 헌신이 장애를 일으키기 때문이다.

염려(worry)란 말은 merimnao라는 희랍어에서 생긴 것인데 그것은 두 단어가 합쳐진 것이다: '나누다'라는 뜻의

merizo와 '마음'(알고 이해하고 느끼고 판단하고 결정하는 요소를 포함한)이라는 뜻의 nous이다. 그러면 염려란 마음이 나누인다는 뜻이다. 염려를 하므로 인해 마음은 가치 있는 관심사와 해로운 생각으로 나누인다. 야고보는 마음이 나누인 사람의 불행한 상태를 이렇게 말했다. "두 마음을 품어 모든 일에 정함이 없는 자로다."(약 1:8) 야고보는 마음이 나누인 자는 그가 하는 모든 일에 불안정하다고 말하고 있다. 그는 감정이 불안정하다. 그는 생각하는 과정이 불안정하다. 그는 결정하는 데에도 불안정하다. 그는 판단에도 불안정하다. 마음의 평안은 마음의 단일성을 요구한다. 걱정하는 사람은 두 마음을 품게 되므로 마음의 평안을 빼앗기는 것이다.[267]

성경은 "염려하지 말라"(마 6:25-34)고 하면서, 한마음 곧 그리스도 예수의 마음을 품으라고 명한다. 영적 관계는 같은 마음을 품은 '함께함'의 영적 관계이다. 같은 마음은 동일한 목적과 목표를 공유한다는 의미다. 동일한 목표에 함께 이르고자 할 때 마음이 하나가 된다. 마음을 같이한다는 것은 감정적, 의식적 일치가 이루어진 상태를 의미한다. 감정적 일치와 의식적 일치는 영적 일치의 전제 조건이다. 영적 일치가 이루어져 관계가 영적 영역에서 성숙되면 관계적 일치에 이른다. 이 관계적 일치에 이르러서 시너지가 창출되고, 권능의 사역이 가능해지는 것이다. 영적 관계는 '감정적 일치', '의식적(정신적) 일치', '영적 일치', 그리고 '관계적 일치' 이 네 가지가 다 이루어질 때 가능하다. 이는 '함께함'에서 시작된다.[268]

'전혀 기도에 힘씀'

기도는 우리의 자기 주도적 마음을 버리고 그리스도의 마음을 소유케 한다. 경쟁과 지배와 통제의 삶을 포기하며 섬김을 받고자 하는 자세를 버리고, 낮아짐과 섬김의 자세를 가지게 한다. 낮아짐과 섬김은 자기를 낮추고 이웃을 섬김으로 높인다. 이는 영적 관계를 위한 가장 중요한 실천적 영성이다. 그런데 이 실천적 영성은 영적 관계가 함께 '전혀 기도에 힘쓸 때'부터 시작된다.

하나님은 이 기도를 통하여 다음과 같은 일을 하신다.

첫째, 하나님께서 원하시는 대로 우리를 이끄신다. 우리가 기도하면 하나님께서는 우리를 하나님이 원하시는 존재(영적으로 수동적 존재, Spiritually Passive Being)로 이끄신다. 물론 기도하지 않으면 우리는 마귀에게 수동적 존재가 된다. 둘째, 우리를 영적으로 개방시키신다. 기도는 우리를 하나님에 대해서는 완전히 개방하게 만들기 때문에 하나님이 주시고자 하는 모든 것을 다 받아들일 수 있다. 셋째, 기도는 우리를 영적 성숙에 이르게 한다. 성숙은 성령이 우리 안에서 하나님의 시스템을 작동하는 것이다. 그래서 하나님이 원하시는 열매를 맺게 하신다. 넷째, 기도는 영적 관계를 강력하게 연합시키신다. 영적 연합이 이루어져야 영적 시너지를 창출할 수 있다. 다섯째, 기도는 또 다른 영적 관계를 생산시킨다. 마지막으로 기도는 영적 관계로 하여금 사역을 하게 한다. 기도하는 영적 관계는 관계의 영적 기능을 잘하게 된다. 이 기능을 하나님을 위해서 사용하는 것이 사역이다.

영적 관계를 누리기 위하여

　결혼하여 45년간 스스로 지독한 불행 속에서 살아온 한 여성 C가 있다. C는 우울증과 조울증에 시달렸으며 늘 자살에 대한 강한 충동에 사로잡혀 살았다. 남편 잘못 만나 평생 고생했다고 만천하에 공개하는 유서를 늘 작성해 두고 살았다.

　무남독녀인 C는 상대를 매우 배려해 주는 부모에게서 매우 부드러운 언어를 사용하며 자랐다. C의 불행은 결혼과 동시에 시작되었다. 6남매의 장남과 결혼하여 시집살이를 했다. 당시 시집은 가내 공장을 운영한 관계로 C는 가족과 공장 직원의 식사를 시어머니와 함께 만들어야 했다. 평생 해 보지 않았던 고된 일이었지만 참을 만했다. 문제는 시어머니의 거친 언어였다. 시어머니의 모든 언어는 갓 시집온 20대 초반의 며느리에게 깊을 상처를 주었다. 그러나 이 상처를 하소연할 상대인 남편은 자기 옆에 없었다. 남편은 결혼과 동시에 군대에 갔던 것이다. C는 자신의 힘들 때 옆에 있지 않았던 남편을 저주하며 살았다. 3년 후 남편은 제대하고 C에게로 돌아왔지만 그 후에도 42년을 C는 남편을 원망하며 스스로 불행의 수렁 속에서 살았다. C의 결혼 생활 45년은 스스로 자초한 사회 심리학적 죽음의 세월이었다. 이는 상합(엡 4:16)하지 않고 산 부부의 전형적인 모습이다.

아담은 하나님이 보내주신 하와를 보고 "이는 뼈 중에 뼈요, 내 살 중의 살이라"(창 2:23)며 감탄했다. 두 뼈가 연결되는 데는 관절(joint)이 필요하다. 조인트는 영적 관계체(connector)이다. 남편과 아내는 상합(joint)되어야 한다. 남편과 아내가 각각 자기 영역에, 또 자기 문화와 자기 습성으로 상대방이 가입(join)해 오기를 원한다면 이는 진정으로 하나 된 부부가 아니다. C부부는 결혼 45년을 가입 공동체로 살았다. 서로가 자신이 살아온 문화만을 고집하며 상대가 서로 자신에게로 가입되기를 바라며 살았다.

최초의 공동체인 가정 공동체는 상합 공동체다. 예수께서 제자들과 세우신 공동체도 상합 공동체이고, 사도 바울도 성도들이 서로 상합되어 한 생명인 그리스도의 몸을 이루는 공동체를 참된 교회라고 했다. "그에게서 온몸이 각 마디를 통하여 도움을 입음으로 연락하고 상합하여 각 지체의 분량대로 역사하여 그 몸을 자라게 하며 사랑 안에서 스스로 세우느니라."(엡 4:16) 관계가 가입이라면 영적 관계는 상합이다.

사탄은 공동체를 공격하여 공동체의 외형은 그대로 유지되게 하면서도 상합 공동체의 조인트를 파괴하여 가입 공동체화하게 하였다. 그래서 가입 공동체는 상합의 기능을 상실하여 진정한 공동체성이 파괴될 수밖에 없다. 이런 이유로 공동체를 이루는 지체들이 떠나가고, 아파하고, 상심하는 것에 대해서 무관심할 수밖에 없었다. 상합의 영성을 상실한 공동체에서는 지체들의 아픔과 슬픔을 그의 가치를 그의 존엄성을 느낄 수도 인정할 수도 없기 때문이다. 가입 공동체는 무수한 지체들이 가입하여 극소수의 조인트 지체들의 관리를 받으며 공동체를 양적으로 성장시키는 데 일조하면 된다.

교회 공동체가 가입 공동체라면 이는 분명한 악이다. 가정의 파괴, 공동체의 파괴, 만약 이들이 파괴되기 이전에 가입된 관계였다면 이미 그때 파괴된 것이나 마찬가지다. 마치 사랑을 잃어버렸음에도 부부로 살다가 이혼을 한 경우 사람들은 이혼한 날을 가정이 파괴된 날로 보지만 실제로는 사랑을 잃어버린 날이 부부 관계가 파괴된 날이듯 말이다.

그러므로 개인의 관계는 영적 관계로, 가정과 영적 공동체는 가입 공동체에서 서둘러 상합 공동체로 회복되어야 한다. 그리하여 서로 사랑하고, 서로 섬기며, 서로 격려하고, 서로 인정하며, 서로의 세세한 일에도 믿음으로 상합하여 동행하는 유기적이며 사역적 공동체성을 되찾아야만 한다.

예수 그리스도의 십자가 구속과 부활의 사건으로 인해 우리는 더 이상 원죄의 영향력과 그 결과로 하나님과 분리된 관계에 방황하는 존재가 아니다. 우리는 그리스도의 십자가 사건으로 회복한 존재들이다.[269] 예수 그리스도 안에서 저차원의 관계에서 고차원적인 영적 관계로 부르심을 받은 존재들이다. 만일 우리의 관계가 영적 관계의 은혜와 기쁨과 그 시너지인 권능을 흘려보내지 못하고 있다면 사탄의 속임수에 눌려 있는 것이다. 더욱이 교회 공동체가 이 영적 관계의 공동체가 되지 못하고 저차원적인 관계에만 머물러 있다면 영적 공동체의 본질을 상실한 것이다. 예수의 부활과 승천 이후 성령의 임재를 경험한 초대 교회는 영적 관계된 성령의 상합 공동체였다. 우리도 그러한 고차원적 영적 관계 공동체의 권리와 의무를 잃어버리지 않아야 한다.

그리스도인은 관계를 성장·성숙시켜야 한다

관계의 성장과 성숙을 거부하고 한 상태에 머물면 관계는 이웃에게 폐쇄적이 되어 고차원 지향적으로 성장·성숙되지 않는다. 외로움을 극복하기 위해 타인과 관계를 맺는 이들이 많다. 이들이 관계 형성과 그 유지와 성장과 성숙을 위해 부단한 많은 노력을 기울이면 외로움을 벗어나고 기쁨을 누리게 될 것이다. 그러나 관계 성장과 성숙을 위해 부단히 노력하지 않으면 그 기쁨은 잠시일 뿐, 관계는 정체되고, 기쁨은 이내 사라지고 더 깊은 외로움에 빠지게 될 것이다. 그 결과는 고통과 파멸이다.

헨리 나우웬은 이 심화되는 외로움과 이 외로움이 초래하는 고통에 대해 다음과 같이 말한다.

> 우리가 외로움을 느껴서 그 외로움을 없애 줄 누군가를 찾을 때, 우리는 곧 잠에서 깨어납니다. 잠시 동안 우리에게 완전성과 내적 평화의 경험을 제공한 그 사람은 곧 우리에게 영원한 행복을 줄 수 없으며 우리의 외로움을 없애 주는 대신 단지 우리에게 그것의 깊이를 더욱 분명하게 보여 줄 뿐이라는 것이 드러납니다. 또 다른 인간이 우리의 가장 깊은 소원들을 만족시킬 것이라는 우리의 기대가 강하면 강할수록 인간관계의 한계에 부딪혔을 때 우리의 고통을 더욱 큽니다.[270]

예수께서는 치열한 경쟁과 다툼이 난무하는 비영적 시스템에 고립되어 있던 이들을 불러 제자로 삼으셨다. 그리고 그들에게 섬김과 나눔으로 형성·유지되는 천국의 관계인 영적 관계를 제공하셨다. 그다음 제자들에게 모든 족속과 영적 관계를 형성하도록 명하셨다.

그리스도의 제자인 그리스도인은 먼저 성장·성숙해야 하고, 그리고 또 모든 관계를 성장·성숙시키는 사역에 전적으로 헌신해야만 한다.

그리스도인은 관계를 고차원으로 승화시켜야 할 사명이 있다

희로애락과 행불행의 모든 원인이 관계와 관련된다. 모든 병의 주범인 스트레스의 주요인이 '부정적 관계' 혹은 관계 결핍과 애정 결핍 등의 '관계 파괴'이며, 기쁨과 행복도 관계 회복과 관계 성숙에서 오는 경우가 대부분인 것을 감안하면, 관계가 우리에게 미치는 영향은 절대적이다. 우리는 삶의 핵인 관계를 통해 성장하고 성숙한다.

성경은 관계를 고차원으로 승화시키는 방법을 명확하게 제시하고 있다. "주 너의 하나님을 사랑하고 또한 네 이웃을 네 몸과 같이 사랑하라."(눅 10:27) 그리고 "너희는 서로 사랑하라. 내가 너희를 사랑한 것같이 너희도 서로 사랑하라" 등등. 성경은 관계를 고차원적으로 승화시키는 완벽한 매뉴얼이다. 그리스도인은 이 매뉴얼에 충실하게 따름으로써 주께서 우리를 사랑하셨듯이 우리가 서로 사랑하는 데 전적으로 헌신해야 한다.

그리스도인은 영적 관계의 지평을 넓히고 확산시켜야 한다

믿음의 조상 아브람에게 있어 그의 믿음을 향한 여정의 첫걸음은 본토 친척 아비의 집을 떠나 하나님께서 지시하시는 곳으로 가는 것이었다.(창 12:1-3) 이후 그는 하나님이 지시하시는 곳으로 움직이면서 총체적인 훈련을 받았다. 믿음은 하나님이 지시하시는 곳으로 가기 위해 나의 목적지와 길을 기꺼이 포기하는 것이다. 주 안에서 자기의 길을 잃어버리고 유일한 길이신 예수님만을 의지하고 그 미로에서 은혜를 누리는 것이 믿음이다.

하나님은 '지시하시는 곳으로 가서', '지시하시는 사람을 만나', '지시하시는 방법'으로 관계를 형성하라고(예를 들어 사도행전 9장의 아나니아와 사울의 만남 등등) 말씀하신다. 그러나 이런 성경적 원칙을 무시하고 '자기가 원하는 곳으로 가서', '자기가 원하는 사람을 만나', '자기가 원하는 방법으로' 관계를 형성하면 결국은 파괴적 삶을 살게 된다. 사탄은 이런 식으로 우리로 하여금 영적 관계를 파괴하는 방식으로 살도록 유혹한다.

인생에 있어서 가장 많이 투자하고도 거의 실패하는 것이 관계이다. 인생의 대표적인 고비용 저효율의 영역인 관계의 실패가 주는 고통과 상처를 극복하기란 참으로 힘들다. 가까운 관계일수록 서로가 더 상처를 받게 된다. 이렇듯 관계에 대한 투자가 고비용 저효율의 결과로 돌아오는 현상은 안타깝다. 이러한 반복적인 고통과 상처의 경험은 사람들로 하여금 '건강하고 성숙한 관계 형성'에 투자하지 못하도록 한다.

섬김과 환대로 형성되는 영적 관계는 우리의 삶의 질과 격을 높여 주고, 참된 공동체의 축복을 누리게 한다. 또 서로가 서로에게 매우 성숙하고 건강한 동반자 의식을 가지게 하여 이 땅에서 천국을 넉넉히 누리게 한다. 누림의 확장이 곧 성숙한 관계를 확산시킨다.

이에 대한 월트 래리모아와 트레이시 멀린스의 제안은 매우 유익하다.

외로움을 피하고 건강한 인간관계를 추구하는 것은 고도로 건강한 사람이 될 가능성을 높일 수 있다. 우리가 이미 맺은 인간관계에 집중하고 관계의 질을 향상시켜라. 인간관계를 향상시킴으로써 우리가 관심을 갖는 다른 사람의 건강도 향상시킬 수 있다. 우리가 의사소통 기술을 개발하고 동정심과 존중하는 마음으로 다른 사람들을 대하며 은혜와 헌신을 보일 때, 그들을 향한 우리의 친절과, 그들과 맺은 관계는 그들의 건강을 향상시키는 데 도움을 줄 것이다. 이것은 전염병과 같다. 우리가 다른 사람에게

은혜를 퍼트리면 그들도 이 전염병에 '걸려서' 다른 사람에게 퍼뜨릴 가능성이 높아진다.[271]

그리스도인은 영적 관계의 축복을 누려야 한다

영적 관계는 그리스도 안에서, 그리스도께서 맺어 준 그리스도인들만이 누리는 특권이자 파송 받은 자의 축복이다. 이 특권을 누리기 위해 그리스도인들은 섬기며, 베풀며, 배려하는 원칙에 충실해야 한다. 또 아가페(끝없는 기다림, 끝없는 포용, 끝없는 동행) 행함을 최우선해야 하며, 특정인 혹은 비특정인들과의 관계에 대한 패러다임의 틀과 경계를 허물어야 한다. 그리고 타인에 대한 편견과 우월감이 바로 '관계 암'임을 명심해야 하고, 타인을 통제하고자 하는 욕망이 들 때마다 자신을 부끄러워할 줄 알아야 한다. 그리고 온갖 교양, 에티켓, 믿음의 행위로 위장된 '상대를 통제하고자 하는 욕망'을 제거해야만 한다.

결론

　모든 관계에는 목적이 있다. 목적이 없는 관계는 파괴된다. 그 목적이 나 또는 관계를 형성하고 있는 너와 나, 우리에게 있는 관계는 (일반적) 관계이다. 관계의 목적이 관계를 형성하게 한 하나님인 경우는 영적 관계이다. 일반적 관계는 '하나님과 단절된 자들의 '교제'이자, 관계는 '나＋너 ＝ 우리'만을 위해 존재한다.

　그 특징으로는 첫째, 관계는 나를 중심으로 너를 조종하는 부정적인 성향이다. 둘째, 관계에는 그 형성과 유지에만 집중하려는 우상성이 있으며, 셋째, 관계에는 당사자들의 내면의 쓴 뿌리가 작동되고, 넷째, 관계는 외로움에 기대인 사람들의 교제이며, 마지막으로 관계를 이룬 서로에게 전적인 헌신이 불가능하다.

　영적 관계는 '그리스도와의 인격적인 관계'에서 시작되며, 성령이 주관하시고, 구속적이다. 그 특징으로는 첫째, 영적 관계는 아가페 사랑으로만 형성되고, 유지되고, 확산되며, 둘째, 영적 관계는 사역보다 우선되고, 셋째, 영적 관계는 영적 친구들의 '하나 됨'으로 넷째, 영적 열매를 맺는다.

영적 관계의 목적은 먼저 '하나님께 영광'을 올리기 위함이며, 둘째, 하나님의 사랑과 권능이 '너와 나' 사이에 흐르게 하는 것이며, 셋째, '너와 나'의 동역으로 하나님의 권능을 세상에 흘려보내는 것이다.

영적 관계를 파괴하는 것들로는 죄, 교만, 적대감, 불신, 듀프라스, 상호 의존증이 있다.

관계를 영적 관계로 승화시키기 위하여 먼저 거듭나야 하고, 둘째, 관계를 파괴시키는 것들과 직면해야 하고, 셋째, 그리스도 안에서 성장해야 하며, 넷째, 영적 친밀감을 형성하고 유지하는 데 헌신해야 하며, 다섯째, '성령의 다루심을 바라고', '더불어', '일심으로 하나' 되어, '기도해야' 한다.(행 1:14)

모든 그리스도인이 영적 관계를 누리기 위해서는 그리스도인들은 관계를 항상 성장·성숙시켜 관계를 고차원으로 승화시키고, 영적 관계의 지평을 넓히고 확산시켜 영적 관계의 축복을 누려야 한다.

부록

나눔을 위한 자료

🎴 들어가기

1 _ '관계' 하면 떠오르는 생각이나 느낌, 혹은 단어가 있다면 무엇인가?

2 _ 관계가 우리에게 주는 부정적인 측면과 긍정적인 측면은 각자에게 어떤 것들이 있는가?

3 _ 성공에 있어서 관계가 미치는 영향력에 대해 서로의 경험을 통해 나눠 보자.

4 _ "태초에 관계가 있었다."는 말의 의미를 자신의 말로 설명해
보자.

5 _ 하나님을 믿게 된 과정 속에서 관계는 어떤 영향을 미쳤는지
나눠 보자.

6 _ 성숙한 관계가 우리에게 가져다주는 3가지 유익은 무엇인가?

7 _ 아가페적 관계가 흘러가는 데 필요한 3가지 선로는 무엇인가?

나눔 2

✿ 파괴적 관계

1 _ 관계는 4가지 유형으로 나눠지는데 각각 무엇인가?

2 _ 나의 관계성은 어떤 유형에 해당하는지 부부나 애인, 부모 혹은
자녀, 직장, 친구, 교회로 나누어 적어 보자.

3 _ 모든 관계는 암묵적인 동의에 의한 결과로 형성 · 유지된다. 특
별히 사랑하는 가족들과의 암묵적인 동의가 무엇인지 생각해
보자. (예: 부부, 애인, 부모 자식 간, 형제자매 또는 회사나 교회에서의 관계 속 암
묵적 동의도 나눌 수 있으면 나눠 보자.)

4 _ 주변에서 경험하는 파괴적 관계의 예를 들어 보자. 그리고 그 피해가 나와 우리 삶에 어떤 영향을 끼치고 있는지 나눠 보자.

5 _ 파괴적 관계는 공동체의 파괴로 이어지는데, 특히 공동체 파괴의 2가지 요인은 무엇인가?

6 _ 저자가 말하는 관계 파괴의 원인들은 요약해 보자.

7 _ 실제적으로 내가 경험한 관계 파괴의 원인에는 어떤 것들이 있는가?

8 _ '사탄의 공격으로 영적 시너지를 잃어버린 가정의 관계'란 말에 대해 자신의 느낌이나 생각, 의견을 이야기해 보자.

9 _ 심리적 장애나 내적 상처들로 인해 관계에 어려움을 경험한 적이 있는가? 있었다면 그 예를 나누고, 그 심리적 장애나 내적 상처가 관계에 끼치는 영향력은 어떤 것이었는지 나눠 보자(나 자신 또는 상대방의 경우, 가족, 직장 혹은 교회에서).

10 _ 현대 사회는 관계를 수단이나 역할 혹은 해결의 방편으로 이용하는 경우가 많다. 나의 관계망에서 이러한 경우는 몇 %나 차지하는가?

태초에 관계가 있었다

11 _ 교회나 일터, 가정에서 나는 관계를 우선하는가, 아니면 원칙을 우선하는가? 그 장단점에 대해서 나눠 보자.

12 _ 현 사회는 무관심의 시대라고 볼 수 있다. 특히 교회 안에서 무관심이나 기능, 역할을 중시함으로써 관계에 어려움을 겪은 일들이 있었다면 어떤 경우였는가? 이를 해결하기 위한 지혜로운 전략들을 나눠 보자.

함께 기도하기

1 _ 내 주변에서 경험하는 파괴적 관계에 대하여 하나님께 솔직하게 고백해 보자.

2 _ 파괴적 관계를 형성하는 여러 원인을 아뢰고, 사탄의 공격에 대적하자.

3 _ 이미 예수 그리스도의 십자가 구속으로 말미암아 파괴된 관계를 회복하는 능력을 우리에게 주셨음을 찬양하며 구체적으로 그 파괴된 관계들의 회복을 위해 함께 기도하자.

✂ 정체적 관계

1 _ '사이비 공동체', '전통에 찌든 공동체'란 어떤 공동체인가?

2 _ 정체적 관계의 예를 들어 보자.

3 _ 정체적 관계를 경험하였다면 어떤 '암묵적 동의'가 정체적 관계
를 만들었는지 나눠 보자.

4 _ 빌 하이블스가 말한 "결혼 생활, 가족 관계 또는 친구들 사이의 교제가 모두 피상적인 차원에 머무는 까닭"은 무엇인가?

5 _ 체면치레, 형식적인 폐쇄성, 관계 유지를 위한 최소한의 의무 등은 정체적 관계를 형성하게 하는 것이다. 우리 교회 안에, 혹은 부부 또는 가족 간에 정체된 관계가 있다면 그 원인이 무엇인지 깊이 나눠 보자.

6 _ 정체적 관계의 특징 2가지를 적어 보자.

7 _ 정체적 관계는 가면과 긴밀한 관계가 있다. 가면을 쓰는 이유는 무엇이라고 생각하는가?

8 _ 정체적 관계를 벗어나 건강한 관계를 형성하려면 어떻게 해야 하는가?

9 _ 정체적 관계를 벗어나기 위해 내가 쓴 가면을 아는 것이 중요하다. 내가 쓴 가면들에 대해 깊이 생각하고 적어 보자.

10 _ 관계의 직면을 거부하고 도피한 적이 있었는가? 도피한 가장 큰 이유는 무엇이었는가?

11 _ 정체적 관계로 이끄는 다양한 유형의 도피가 있다. 나의 경우에는 어떤 도피의 유형을 즐겨 하는가? (예: 술, TV, 음식, 친구, 자녀, 일, 공상, 망상, 가면 등등)

12 _ 관계는 상호적이다. 상대방이 쓴 가면과 어떤 암묵들이 정체적 관계에 머물게 한다. 상대방과의 좀 더 나은 관계를 위해 내가 할 수 있는 것들은 어떤 것이 있다고 생각하는가?

함께 기도하기

1. 정체적 관계 가운데 있는 관계들을 주님께서 회복해 주시고, 간섭해 주시길 기도드리자.

2. 정체적 관계를 만든 나의 가면과 도피들에 대하여 솔직하게 대면하고 고백해 보자.

3. 하나님께서 정체적 관계를 온전케 하실 것을 선포하며 찬양의 기도를 드리자.

나눔 4

✿ 생산적(성숙한, 친밀한) 관계

1 _ 현대인이 성숙한 관계를 형성하기 쉽지 않은 이유는 무엇인가?

2 _ 존 맥스웰이 제안하는 생산적 관계를 맺기 위한 방법은 무엇인가?

3 _ 그리스도인이라면 누구나 관계를 맺고 성장해야 하는 이유는 무엇인가?

태초에 관계가 있었다

4 _ 관계가 성숙하기 위해 필요한 것은 무엇이라고 생각하는가?

5 _ 생산적 관계란 어떤 관계를 말하는가?

6 _ 생산적 관계의 경험이 있다면 어떤 경우였는지, 그 영향이 나와 너에게 준 유익은 무엇이었는지 나눠 보자.

7 _ 생산적 관계를 형성하고 유지하기 위해 필요한 에너지는 무엇인가?

8_ 파괴적 관계 혹은 정체된 관계를 생산적 관계로 나아가게 하기 위해 나와 우리가 할 수 있는 방안들을 나눠 보자.

9_ 생산적인 관계에서 창출되는 것은 무엇인가? 실제로 그 예를 경험하였다면 그때 공동체가 느꼈던 감정과 결과를 나눠 보자.

10_ 자기 자신과의 관계 역시 관계의 유형 안에 작동된다. 내 자신과의 관계가 생산적이게 하기 위해 어떤 것이 중요하다고 생각하는가?

11 _ 교회나 어떤 목적을 가진 소그룹, 혹은 직장에서 생산적인 관계를 이루기 위한 관건이 되는 것은 무엇인가? 이를 위한 구체적인 방안을 의논해 보자.

12 _ 생산적 관계는 성숙한 관계를 전제로 한다는 말은 어떤 의미 인가?

함께 기도하기

1. 생산적 관계를 위한 소통을 막고 있는 것들은 무엇이 있는지 성령께서 알려 주시길 기도하자.

2. 우리 관계들 속에 생산적 관계를 위한 친밀감의 회복을 위해 주님의 도우심을 구하자.

3. 생산적 관계를 통한 시너지가 넘쳐 나는 공동체를 위해 기도하자.

✣ 영적 관계

1 _ '영적 관계'란 어떤 관계인지 정리해 보자.

2 _ 하나님과 나와의 관계는 영적 관계이다. 이 관계를 기상도로 표현해 보자. (예: 맑음, 흐림, 바람 등등) 그 이유는 무엇인가?

3 _ 하나님은 우리로 하여금 관계가 아닌 영적 관계로 살아가길 원하셨다. 그런데 절대 다수가 그러한 관계를 누리지 못하는 이유는 무엇인가?

4 _ 영적 관계의 가장 기초가 되는 하나님의 사랑인 아가페를 자신의 말로 표현해 보자.

5 _ 영적 관계를 가능케 하는 아가페 사랑에 대한 말씀(막 12:30-31, 요 13:34-35, 요일 3:18)들이 나의 관계들에 주시는 도전은 무엇인가?

6 _ 은사는 무엇이며, 관계와 어떤 상관관계가 있는가?

7 _ 나는 공동체와 관계를 섬기기 위해 어떤 은사를 가졌는가? 나눔 가운데 상대방의 은사를 이야기해 주어도 좋다.

8 _ 영적 관계를 맺으면 영적 시너지를 창출하며 기적을 가능케 하는데 그 절대적 요소 2가지는 무엇인가?

9 _ 사도행전 3장에 등장하는 베드로와 요한은 경쟁적 관계에서 기적적 관계를 이루었는데 그들을 통해 어떤 일이 벌어졌는가? (행 3:4-7)

10 _ 기적적 관계를 경험한 적이 있다면 함께 나눠 보자.

11 _ 영적 관계를 형성하고 사는 이들이 관계 속에서 누리는 것은 무엇인가?

12 _ 교회 공동체가 기적적 관계를 누리기 위해 회복해야 하는 것은 무엇인가?

함께 기도하기

1. 하나님께서 아가페 사랑으로 우리와 영적 관계를 맺으셨음을 감사하고 찬양하는 기도를 드리자.

2. 영적 관계를 맺기 위해 은사를 주셨음을 감사드리며, 그 은사를 활용할 지혜와 전략을 구해 보자.

3. 사도행전 3장 베드로와 요한의 관계를 통해 일어난 권능과 기적이 우리의 일상 속에서도 이루어지도록 함께 기도하자.

✳ 들어가기

1 _ "일반적으로 관계는 목적이 있어야 유지되고 성장하며 성숙한 관계로 발전된다."고 할 때 나의 관계들(부부, 가족, 교회, 친구, 직장)의 목적은 무엇인가?

2 _ 나의 관계들 가운데 '일반적 관계' 혹은 '관계'가 차지하는 비율은 몇 %인가?

3 _ 관계는 3가지 유형의 목적이 있다. 무엇인가?

4 _ 관계를 유지하기 위해 필요한 것들은 무엇이 있다고 생각하는가?

5 _ 나만을 위한 목적의 관계가 있다면 어떤 경우인가?

6 _ 관계를 형성하고 있는 당사자들의 목적으로 이루어진 관계의 예를 들어 보자.

7 _ 관계를 형성케 하신 하나님을 위한 목적의 관계가 있다면 나의 관계들 중 어떤 경우에 해당하는가?

나눔 7

⌘ 관계란?

1 _ 일반적 관계 혹은 관계란 어떤 관계인지 정의해 보자.

2 _ 관계는 결국 갈등과 깨어짐에 이르게 되는데 그 이유는 무엇이라고 생각하는가?

3 _ 죄로 인한 하나님과의 단절을 관계 가운데 느끼거나 인식한 적이 있다면 구체적으로 어떤 경우인가?

4 _ 하나님과의 관계 단절이 우리 안에 초래한 결과들은 무엇인지
나눠 보자.

5 _ 하나님과 관계 단절된 우리는 가장 가까운 부부, 부모 혹은 자
식 간에도 대화의 단절을 경험한다. 가장 많이 경험하는 소통
의 어려움에 대해 이야기 나눠 보자.

6 _ 죄로 인한 인간의 정체성을 관계적 차원에서 정의한다면?

7 _ 우리를 위해서만 관계를 맺었을 때의 영향과 결과는 무엇인가?

8 _ 어떤 형식이든지 '우리'가 목적이 될 때 빠지는 죄는 무엇인가?

9 _ 주변에서 경험한 '우리 이기주의', '우리 중심주의' 혹은 '우리 주도주의'가 있다면 어떤 경우이며 그것이 주는 상처는 무엇이 있는가?

10 _ '나＋너＝우리'의 에너지는 결국 소모되고 고갈되는데, 그런 예들을 찾아보자.

11 _ 관계는 한마디로 '영이 죽은 자들의 교제'이다. 이 말이 내게 주는 도전은 무엇인가?

12 _ 관계에 속하는 관계의 유형 3가지는 무엇인가?

함께 기도하기

1. 죄로 인하여 하나님과의 관계가 단절된 정체성을 가진 자임을 고백하자.

2. 나+너, 우리에 집중된 관계가 있다면 결국 파괴되는 관계임을 고백하며 하나님께 도우심을 구하자.

3. 관계로 인해 고통받는 성도나 이웃, 가족이 있다면 이를 위해 기도하자.

나눔 8

✻ 관계의 특성

1 _ 관계의 중심과 힘은 어디에 있는가?

2 _ 관계가 지닌 부정적인 3가지 성향을 요약해 보자.

3 _ 슐츠 교수가 말한 '상호 관계의 3가지 유형'은 무엇인가? 또 저
　　자가 말한 관계의 3가지 유형은 무엇인가?

4 _ 위의 유형들 중 나는 어떤 관계 유형이 익숙하고 편한가?

5 _ '너를 통제하려는 성향'이 나타나는 관계는 어떤 경우인가?

6 _ '너를 이용하려는 성향'의 예를 들어 보자.

7 _ '너를 나로 포함하려는 성향'을 결혼 생활이나 연애 혹은 친구
　　관계에서 경험한 적이 있다면 그것으로 인해 어떤 어려움을
　　겪었는지 나눠 보자.

8 _ 관계의 유형이나 부정적 성향으로 인해 관계의 갈등을 겪었다면 구체적으로 무엇이 나를 혹은 상대방을 힘들게 했는가?

9 _ 관계는 그 형성과 유지에만 집중하려는 우상성을 지니는데, 특히 듀프라스는 어떤 말인가? (좀 더 깊은 나눔을 위하여 카라스의 뜻을 정의하고 교회 공동체, 가족, 부부는 어떤 관계인지, 그 안에 작동되는 우상성은 무엇인지도 나눠 보자.)

10 _ 당사자들의 내면의 쓴 뿌리로 인해 지속적인 관계가 어렵다. 관계의 지속을 막고 있는 내면의 쓴 뿌리로 어떤 것들이 있을 수 있는가? (쓴 뿌리는 쉽게 그 모습을 드러내지 않는다. 가면으로 위장한 경우가 많다. 나눔의 공동체에 따라 일반적인 예로 나누거나 좀 더 솔직하게 이야기를 나눠 보자.)

11 _ '외로움'이 관계에 끼치는 영향력은 무엇이라고 생각하는가?

12 _ 관계의 특징 5가지를 요약하고 이 관계로는 결혼 생활이 쉽지 않은 것은 무엇 때문인지 서로의 생각을 나눠 보자.

나눔 9

⌘ 좀 더 깊은 나눔을 위하여

1 _ 외로움에 기댄 관계란 무엇이며 이 관계가 쉽게 깨어지는 이유를 나눠 보자.

2 _ 결혼과 가정은 전적인 헌신을 전제도 한다. 그런데 요즘 헌신에 대한 두려움으로 결혼을 도피하는 경우가 있다. 그 예들을 이야기해 보자.

3 _ '전적인 헌신'은 하나님의 축복이 흘러가는 통로이다. 이를 위해 내가 결단해야 할 부분은 무엇인가?

함께 기도하기

1. 관계의 왕좌를 나 중심에서 하나님 중심으로 내어드리도록 기도하자.

2. 내 안에 있는 관계의 우상성, 외로움, 쓴 뿌리 성향을 고백하며, 치유되어 성숙한 관계로 나아갈 수 있도록 기도하자.

3. 관계로 인해 어려운 결혼 생활 혹은 교회, 직장 생활의 부분들이 있다면 하나님께 이를 내어놓고 도우심을 구하는 기도를 드리자.

⌘ 들어가기

1 _ 부부, 부모와 자녀, 자녀들 사이에 관계 결핍의 원인은 무엇이
라고 생각하는가?

2 _ 교회는 영적 공동체이다. 이 말이 의미하는 바는 무엇이라고
생각하는가?

3 _ 교회가 영적 관계를 상실한 예들을 들어보며 그 이유는 무엇
이라고 생각하는지 나눠 보자.

4 _ 영적으로 친밀한 공동체를 경험했거나, 하고 있다면 그 경험
이 나의 인생에 끼친 영향을 짧게 나눠 보자.

나눔 11

✤ 영적 관계의 정의

1 _ 대부분의 관계가 어려운 이유는 무엇 때문인가?

2 _ 영적 관계의 대표적 공동체라 할 수 있는 교회들이 그 능력을
상실한 이유는 무엇이라고 생각하는가?

3 _ 관계의 핵인 '영적 관계'는 어떻게 가능한가?

4 _ 나의 관계들은 영적 관계인가? 아니면 일반적 관계인가? (예: 나와 나, 부부, 부모와 자녀, 가족들, 교회 구성원, 사역자 간의 관계, 직장 동료나 상사 등등)

5 _ 개인 공간(personal space) 그리고 신성한 공간(dvine space)은 무엇을 의미하는 말인가?

6 _ 나와 상대방과의 개인 공간을 채우는 것들은 무엇인가? 상대에 따라 그 공간에 채워진 것들이 다를 수 있는데, 그것들을 나눠 보자.

7 _ 마틴 부버의 말대로 '나와 너와의 관계' 사이의 신성한 공간을 위해 우리가 해야 할 결단은 어떤 것이 있는가?

8 _ 영적 관계를 지속하도록 주관하시는 분은 누구인가?

9 _ 성령이 영적 관계 속에 어떻게 역사하시는지 요약해 보자.

10 _ 성령이 나와 하나님과의 관계, 나와 너와의 관계 가운데 역사하신 경험들에 대해 나눠 보자.

11 _ 영적 관계에서 '구속적'이란 기꺼이 대가를 지불하고 서로에게 전적으로 헌신한다는 말이다. 나에게 적용한다면 어떤 의미로 다가오는가?

12 _ 빌 홀이 제시한 적대적 관계에서 구속적 관계로 변화시키는 3가지 방법을 말하고 이를 나에게 적용해 보자.

함께 기도하기

1. 우리와 영적 관계를 맺기 위해 먼저 우리를 구속해 주신 예수님께 감사의 기도를 드리자.

2. 그리스도와의 인격적 관계를 위한 개인적 공간을 내어드리기 위한 방안을 생각하고 이를 위하여 기도하자.

3. 성령께서 우리의 관계들을 용서하고, 인정하고, 격려하고, 복종하며 동행하여 구속적 관계, 영적 관계로 성장하도록 함께 기도하자.

나눔 12

⌘ 영적 관계의 특성

1 _ 영적 관계를 형성 · 유지 · 확산시키는 것은 무엇인가?

2 _ 주변에서 아가페 사랑을 실천하고 있는 예들을 나눠 보자.

3 _ 자신의 말로 아가페 사랑을 정의해 보자.

4 _ 우리에게 아가페 사랑을 유통할 수 있는 통로와 방법은 무엇인지 나눠 보자.

5 _ 존 맥스월의 5단계 리더십 훈련을 보면 영적 관계는 어떻게 맺어진다고 정리할 수 있는가?

6 _ 부부나 가정 또는 교회 공동체가 영적 공동체가 되게 하기 위해 사역, 일보다 중요한 것은 무엇인가?

7 _ '함께함'과 '하나 됨'을 위해 우리 가족, 교회가 해야 하는 변화
는 무엇인가?

8 _ 영적 친구가 우리 삶에 주는 좋은 점을 나열해 보자. 나에게는
어떤 영적 친구가 있는가?

9 _ 영적 관계가 주는 열매가 있다. 그 열매는 무엇인가?

10 _ 오스카 톰슨이 말한 성령의 9가지 열매를 관계적으로 정리한
내용을 다시 한 번 묵상하며 나의 관계의 열매를 적어 보자.

11 _ 영적 관계는 영적 거점과 연결된다. 나에게는 어떤 영적 관계와 어떤 영적 거점이 있는가?

12 _ 영적 관계와 영적 거점을 위해 나 그리고 우리가 결단하고 세워야 할 방법, 지혜, 전략들을 나눠 보자.

함께 기도하기

1. 아가페 사랑으로 우리와 영적인 관계를 맺기 위해 오신 예수님께 감사의 기도를 드리자.

2. 나에게 주신 영적 친구, 영적 관계를 위해 기도하자.

3. 나 혹은 우리에게 주신 관계들을 영적 관계로 확장하여 영적 거점을 만들 수 있도록 함께 기도하자.

나눔 13

✿ 영적 관계의 목적

1 _ 영적 관계는 하나님이 계획하신 관계의 원형이며 예수님으로
인해 회복된 관계이다. 이 말이 내게 주는 도전은 무엇인가?

2 _ 영적 관계의 목적을 3가지로 요약해 보자.

3 _ 하나님이 원하시는 결혼의 목적은 무엇이라고 생각하는가?

4 _ 결혼을 영적 관계로 설명한다면 나의 결혼관 혹은 생활에 어떤 변화와 도전이 필요한가?

5 _ 영적 관계로서 축복받는 결혼을 위해 구체적인 변화의 방안을 나눠 보자.

6 _ 영적 관계인 그리스도인들은 '너와 나' 사이에 무엇이 흘러야 하는가?

7 _ 서로에게 치유자이며 동역자란 말은 어떤 의미인가?

8 _ 사도행전 3장에 등장하는 베드로와 요한의 관계와 요한복음 21장 20-21절에 등장하는 관계의 차이는 무엇인가?

9 _ 사도행전 3장 4절에 등장하는 베드로는 구걸하는 이에게 무어라 하였으며 베드로가 구걸하는 이에게 준 것의 영적 – 관계적 의미를 나눠보자.

10 _ 베드로와 요한의 일반적 관계가 영적 관계로 성숙하게 된 2가지 이유는 무엇인가?

11 _ 성령 안에서 영적 관계를 회복한 베드로와 요한의 관계를 통해 흘러나온 것은 무엇인가?

12 _ 영적 관계를 맺게 하시는 데는 분명한 하나님의 목적과 뜻이 있다. 나의 관계들이 영적인 관계로 성숙하기 위해 필요한 결단은 무엇인가?

함께 기도하기

1. 가정 안에서, 교회 안에서 관계의 목적이 하나님께 영광을 돌리기 위함임을 결단하며 고백하자.

2. 영적 관계로서의 축복받는 결혼 생활을 위한 지혜와 전략을 주시길 기도하자.

3. 나와 너, 나와 우리 사이에 하나님의 사랑(아가페)과 권능(두나미스)이 흘러 기적적 관계의 축복을 누리는 교회가 될 수 있도록 기도하자.

나눔 14

✤ 영적 관계를 파괴하는 것들

1 _ 인간과 하나님과의 관계, 인간과 인간의 관계(아담과 하와의 관계)
를 파괴하고, 에덴의 샬롬을 파괴한 것은 무엇인가?

2 _ 사탄이 가장 혐오하는 것은 무엇인가? 그리고 그 이유는 무엇
인가?

3 _ 공동체 안에서 영적 관계를 파괴하는 6가지의 위험은 무엇인
지 요약해 보자.

4 _ 실제적으로 내 주변에서 영적 관계가 깨어지는 가장 큰 원인
은 무엇인가?

5 _ 고든 맥도널드에 의하면 죄가 영적 관계의 발산적 특징을 상실시킨다고 한다. 그 결과 5가지를 요약해 보자.

6 _ 가장 최초의 영적 공동체인 부부와 가정 안의 영적 관계가 깨어진 원인은 무엇이며, 그것이 지금 우리 가정 안에 작동되는 것은 무엇인지, 또한 어떻게 영향을 끼치고 있는지 나눠 보자.

7 _ 관계를 급진적으로 파괴시키는 것이 교만이다. 오스왈드 샌더스가 말하는 교만의 4가지 특징을 적고, 내 안에 혹시 어떤 모습으로 있는지 살펴보자.

8 _ 불신은 관계에 틈을 내고 그 틈을 녹슬게 하는 독성을 지녔다. 불신이 우리 관계 속에 작동하는 영향력에 대해 정리하고 나눠 보자.

9 _ 왜 개인 이기주의와 가족 이기주의가 영적 관계를 파괴하는가?

10 _ 상호 의존적 관계는 건강치 못한 관계이고 또 영적 관계를 깨뜨린다. 혹시 나에게 상호 의존적인 성향은 없는가? 혹 그런 관계들이 있다면 왜 그런지 나눠 보자.

11 _ 사역보다 먼저 영적 관계를 회복하기 위해 필요한 부분들을
나눠 보자.

12 _ 지금 교회 공동체 안에서 영적 관계를 깨뜨리고 파괴하는 것
들은 무엇이 있나 살펴보자.

함께 기도하기

1. 영적 시너지를 내지 못하게 관계를 깨뜨린 죄인임을 고백하자.

2. 가정 안에서 구체적인 영적 관계 파괴의 위험들을 인식하고, 하나님
의 도우심을 구하자.

3. 교회 공동체 가운데 영적 관계를 깨뜨리는 사탄의 전략을 대적하며
권능과 아가페를 흘려보내는 교회가 되도록 기도하자.

나눔 15

✂ 영적 관계로 발전시키는 방법들

1 _ 탕자의 비유를 통해 본 영적 관계의 4가지 유형은 무엇인가?

2 _ 나는 지금 4가지 유형 중 어떤 유형이며, 그 이유는 무엇인지 나눠 보자.

3 _ 내 주변에 탕자의 유형에 속한 가족이나 친구, 이웃이 있다면 그 혹은 그녀를 위해 어떻게 성숙한 관계를 맺을 수 있는가?

4 _ 저차원 지향적 관계에서 고차원 지향적 관계로 발전시키기 위한 5가지 방법을 정리해 보자.

5 _ 관계의 문제에 있어서 '직면'의 단계는 매우 중요하다. 3가지 직면의 유형을 요약해 보자.

6 _ 나는 관계의 성숙을 위해 어떤 직면을 하고 있는가? 혹은 반대로 직면하지 못하고 도피하고 있다면 직면을 위해 어떤 결단을 해야 하는가?

7 _ 앞에서 나누었듯이 직면에 있어 중요한 것은 가면을 벗는 것이다. 또한 관계는 나와 너의 상호 작용에 있어서 영적 관계 형성을 위해서는 성숙한 이가 성격을 감당해야 한다. 나는 어떤 단계에 있는가? (성격-성격, 성숙-성격, 성숙-성숙)

8 _ 영적 친밀감은 영적 관계에서 필수이다. 그리고 이 친밀감 형성의 모델은 예수님이시다. 가정과 교회의 영적 친밀감 형성을 위해 무엇이 필요한가?

9 _ 영적 공동체의 하나 됨을 위해 기도하는 데 중요한 3가지는 무엇인가? (행 1:14)

10 _ 마음이 가진 3가지 특성은 무엇이며, 우리가 품어야 하는 마음은 어떤 마음인가?

11 _ 기도가 영적 관계 가운데 주는 영향력은 무엇이 있는지 경험
이나 생각을 나눠 보자.

12 _ 저자가 말하는 기도를 통해 하나님이 우리에게 하시는 일 5
가지를 정리해 보자.

함께 기도하기

1. 영적 관계로 발전하기 위해 나의 성격, 가면을 벗을 수 있도록 기도
하자.

2. 예수님과 함께함을 통해 우리는 영적 관계를 맺을 수 있다. 우리의
관계들이 영적 관계로 성숙되고 성장되도록 기도하자.

3. 기도를 통해 영적 공동체가 하나 되게 한다. 그리스도의 마음으로 하
나 됨을 위해 기도하자.

❈ 결론

1 _ 예수님의 십자가 구속과 부활의 사건으로 인해 우리는 이미 고차원적 관계로 부르심을 받은 새로운 피조물이다. 나 자신과 하나님과의 관계, 나와 가정 혹은 우리 교회가 상합 공동체가 되기 위해 지금 결단해야 하는 것은 무엇이라고 생각하는가?

2 _ "속지 마십시오. 마귀는 관계를 파괴하는 자입니다. 하나님과의 관계뿐 아니라 모든 관계의 깨어짐과 파괴를 주도하고 속입니다. 하지만 이미 예수님으로 인해 우리의 관계는 회복될 수 있습니다. 관계를 넘어 새로운 영적 관계로 나아갈 수 있습니다." 이 관계 방식의 주도권을 하나님께 드린다면 지금 내가 있는 곳, 만나는 사람, 만나는 방식에 어떤 변화가 필요하다고 생각하는가?

3 _ 우리 삶의 질과 격을 높여 주며, 참된 공동체의 축복을 누리게
하는 영적 관계를 형성시키는 2가지 아가페의 표현은 무엇인
가?

4 _ 가정과 교회와 나의 관계들이 영적 관계의 특권을 누릴 대가
지불을 예수님께서 이미 하셨다. 이제 고차원의 관계를 누리
기 위한 훈련이 필요하다. 이를 위해 서로 축복하며 한마음으
로 품어 기도의 자리로 나아가자.

주석

1) "관계 안에서만 우리는 인간이 된다는 것의 의미"에 대한 독자들의 이해에 많은 도움을 줄 것이다. "남아공 성공회의 데스모든 투투 목사가 만들어 낸 단어에 삶의 보다 풍성한 기초가 잘 담겨 있다. 개인주의와 축적 대신 공동체와 대화에 기초한 삶을 나타내는 우분투(ubuntu)라는 단어다. 아프리카 말로 본래 '사람들'을 뜻하는 이 단어는 "우리는 존재한다. 고로 나는 존재한다."는 말로 표현될 수 있는 공동체 신학을 대변해 준다. 이는 한 사람의 정체성이 공동체를 통해 형성된다는 의미가 깔린 강력한 말이다. 우분투의 근본 신념 중 하나는 "사람이란 다른 사람들을 통해서만 사람일 수 있다."는 아프리카 속담으로 표현된다. 다시 말해, 인간의 가치는 공동체와 얽힌 정도에 비례하여 높아진다. 이 가르침에서 우리가 본래 관계의 필요를 지닌 존재라는 개념이 깔려 있다. 나는 이런 신념 체계가 하나님이 처음 우리를 지으실 때 품으신 생각에 한결 더 가깝다고 말하고 싶다." (랜디 프레이지, 인생을 충만하게 채우는 여백 만들기. 40)

2) John–Roger&Peter McWilliams, Life 101, Prelude Press, 121.

3) http://media.daum.net/society/newsview?newsid=20140713062307557

4) John Wilkinson, The Bible and Healing: A Medical and Theological Commentary(Grand Rapid:Eerdmans, 2002), 7.

5) "외로움은 장수의 적이다. 장수 지역의 식사하는 모습은 대체로 여러 명이 모여 대가족으로 식사하는 것으로 나타났다. 한남대 식품영양학과 이미숙 교수의 '국내 90세 이상 장수 사람들의 분석 리포트'에도 하루 세끼를 규칙적으로 먹고, 가족과 함께 식사하는 경우가 80% 이상으로 나왔다." (2015년 12월 22일자 msn 뉴스. 신정윤 건강의학 전문 기자 kitty@mcircle.biz)

6) 월트 래리모아/트레이시 멀린스, 하나님이 창조하신 건강한 사람, 정지훈 역, 죠이선교회, 189.

7) "미국 루이빌 대학의 데이비드 로엘프스 교수 연구진은 최근 혼자 사는 사람과 결혼한 사람의 수명을 분석한 결과, 혼자 사는 사람이 결혼한 사람에 비해 7~17년이나 일찍 죽는다는 사실을 발견했다. 이번 연구는 지난 60년 동안 진행됐던 90건의 연구에 참여

했던 5억 명을 분석하는 방식으로 실시됐다. 연구진은 '혼자 사는 사람'의 범위에 이혼했거나 배우자와 사별한 경우는 제외했다. 이른바 '모태 솔로'인 사람만이 독신으로 분류됐다. 연구 결과 독신 남성의 경우 결혼한 남성에 비해 사고나 질병으로 숨질 확률이 32% 더 높았다. 독신 여성의 경우도 일반 여성보다 사고사나 질병사 확률이 23% 높았다. 또한 독신 남성은 8〜17년, 독신 여성은 7〜15년가량 결혼한 사람들에 비해 수명이 짧았다. 이 같은 현상은 젊은 연령대에서 더욱 두드러졌다. 30대 독신은 같은 나이대의 기혼자보다 사망률이 128% 더 높았다. 70대 독신인 경우는 기혼자에 비해 사망률이 16% 높았다. 로엘프스 교수는 '독신들이 얼마나 형편없이 살아가는지를 증명해 주는 결과'라며 '혼자 살면 평소 건강을 생각해 주는 사람이 없기 때문에 이와 같은 결과가 나왔을 것'이라고 설명했다. 배우자가 있으면 몸이 아플 때 병원에 쉽게 갈 수 있고 평소 식습관도 배우자의 조언에 따라 적절히 조절할 수 있기 때문이다." (경향신문. 2011년 8월 20일)

8) "일상생활 중의 인간관계가 없으면 심리적, 생리적으로 좋지 않은 결과를 낳는다. 긴장, 격동, 분노, 우울, 비관, 자책 등 정서적 변화를 가져와 급기야 신경계통에 영향을 끼치게 되며 나아가 면역 기능 같은 각 인체 기관의 생리적 현상에도 영향을 준다." (http://cafe.daum.net/yaksonworld)

9) "답은 뻔하다. 하나님과 다른 사람과 의미 있고 인격적인 관계를 정기적으로 즐기지 않는 사람은 낮은 수준의 건강을 가질 확률이 매우 높다. 외로운 사람은 심장마비, 심장부전, 종양, 발작, 전염병, 정신병, 당뇨병, 수많은 암, 폐병, 자기 면역 장애, 그 밖에 생명을 위협하는 질병에 걸릴 확률이 대단히 높다." (월트 래리모아/트레이시 멀린스, 194)

10) 랜디 프레이지, 인생을 충만하게 채우는 여백 만들기, 45.

11) 월트 래리모아/트레이시 멀린스, 189.

12) 카네기 공대 졸업생을 추적 조사한 결과, 그들은 이구동성으로 "성공하는 데 전문적인 지식이나 기술은 15퍼센트밖에 영향을 주지 않았으며, 85퍼센트가 인간관계였다."고 말했다고 한다.

13) 전후 세대 최초의 미국 대통령이었던 빌 클린턴은 미국을 8년간 통치한 "경제 호황 시대의 행복한 행운아 대통령인 동시에 능숙하고 매력적인 악동 대통령이었다." '이 매력적인 악동'이 대통령이 될 수 있었던 능력은 무엇일가? 클린턴의 자서전인 《나의 삶》에 의하면, 그의 능력은 관계에서의 성공이었다.

14) 이민규, 1%만 바뀌어도 인생이 달라진다. 더난출판. 245.

15) 존 맥스웰, 인간관계 맺는 기술, 37.

16) Jay Hall은 임원 1만6,000명의 업무 성과를 연구했는데, 삶들을 배려하고 관계를 맺는

능력과 업무 성취도 사이에 직접적인 상관관계가 있음을 알아냈다. 첫째는 '높은 성취자'이다. 이들은 1) 이익과 사람을 모두 배려한다. 2) 부하 직원을 긍정적으로 본다. 3) 부하 직원의 충고를 구한다. 4) 말을 잘 들어준다. 두 번째는 '평균 성취자'로 1) 생산에만 집중한다. 2) 자신의 지위에 더 큰 비중을 둔다. 3) 부하 직원의 충고를 꺼린다. 4) 상관의 말만 듣는다. 마지막으로 '낮은 성취자'들로 1) 자신의 안전에만 신경 쓴다. 2) 부하 직원을 기본적으로 불신한다. 3) 절대 충고를 구하지 않는다. 4) 소통을 꺼리고 매뉴얼에만 의존한다. (존 맥스웰, 인간관계 맺는 기술, 34.) 위에서 특히 '낮은 성취자'는 관료주의의 냄새가 100% 난다. 일 때문에 관청이며, 은행이며 등등을 다닐 때 일부 직원들에게 받았던 이미지 그대로다. 우리 사회 모든 영역의 사람들이 모두 '높은 성취자'의 삶을 살 수 있기를 바란다. 특히 사회의 '소금과 빛'인 크리스천이라면 모두 '높은 성취자'가 되길 바란다.

17) 존 맥스웰, 48.

18) 1990년의 직장 생활에서 결코 배제할 수 없는 부분이던 편안한 동료 관계의 상실은 미래의 일이 드리우는 암울한 특징 가운데 하나다. 인간은 타인과의 인간관계로부터 큰 영향을 받는다. 우리가 직장 생활에서 가장 소중히 여기는 부분은 바로 동료와의 관계다. 왜 회사에서 계속 일하느냐고 물었을 때 흔히 나오는 대답 중 하나가 '회사 사람들이 정말 좋거든'이라는 사실도 결코 놀랄 일이 아니다. (린다 그래튼, 조성숙 역, 일의 미래, 생각연구소, 94~95.)

19) 다니엘 라핀, 부의 비밀, 60.

20) 2011년에 이르기까지 대한민국은 1인당 GDP 2만 달러, 경제 규모 세계 13위 등을 달성하며 무섭게 성장했지만 국민이 체감하는 '행복 지수'는 급강하했다. 한국갤럽에 의하면 1인당 GDP가 약 3배 성장한 1992~2010년 사이 '행복을 느끼는' 국민은 10% 줄었다. 외국 전문 기관들이 내놓는 행복 지수에서도 한국은 언제나 꼴찌 언저리를 맴돌고 있다.

21) 필 컬러웨이는 돈으로 살 수 있는 것과 돈으로 살 수 없는 것을 다음과 같이 제시한다. (필 컬러웨이, 돈 한 푼 없이 부자로 사는 법, 뉴스앤조이, 170.)

살 수 있는 것	살 수 없는 것
멋진 집	가정
예쁜 침대	평화로운 잠
동료들	친구들
음식	만족
섹스	사랑

새 차	안전
약	건강
재미	성취감
태양 아래서의 휴식	평화

22) 헤럴드경제, 장연주 기자, 2011. 04. 13.

23) 감정과 사랑의 선로(rail)인 관계를 통해 사람은 상대가 자신에게 느끼고 주고자 하는 감정의 온도와 사랑의 질을 직감하는 능력이 탁월하다. 상대와 관계를 형성하기에 앞서 내 안에 건강한 감정과 정서 그리고 무조적적인 이타적 사랑과 긍휼을 소유하는 것이 중요하다." 분명 관계는 행복과 성공의 시작이자 완성이다. 더 나아가 인간이 건강—성숙한 관계 공동체에 집착을 갖는 것은 "단지 공동체를 개인 목표 달성의 수단으로 이용하기 위함이 아니라, 관계를 통해 자기를 발견하고(self—discovery), 다른 사람의 인정을 통해 자신이 누구인지를 발견하게 되기 때문이다.' (찰스 테일러, 불안한 현대 사회, 68~70.)

24) "영어에 있어서, 고유 명사를 제외하고 가장 중요한 단어는 관계입니다. 당신은 사랑이 가장 중요한 것이 아니냐고 반문할 것입니다. 그에 대해서 나는 당신에게 또 묻습니다. 만일 관계라는 것이 전혀 존재하지 않는다면 어떻게 사랑이 이루어질 수가 있겠습니까? 관계는 선로입니다. 그리고 사랑은 그 위를 굴러가는 것입니다. 사랑은 관계를 통하여 움직입니다. 당신의 가장 깊은 열망을 만족시켜 주는 것은 사람과의 관계입니다." (W. 오스카 톰슨, 11.)

25) 사회생활을 하다 보면 악수를 하게 된다. 다양한 대상과 다양한 마음으로. 상대가 누구냐에 따라 악수하는 마음 자세가 달라진다. 상대가 누구라도 내가 악수하고자 내미는 손은 늘 같은 손이지만, 그 손에 감추어진 내 마음은 상대가 누구냐에 따라 다르다. 악수할 때 내 손은 내 겉사람이고, 내 마음은 내 속사람인 되는 경우도 있다. 다들 인간의 가장 흔한 심리인 '자신의 속을 감추기 위해 겉을 위장한다.' 이렇게 보면, 최소한 두 종류의 악수가 있을 것이다. 속과 겉이 다른 경우, 속과 겉이 같은 경우 말이다. 일본 문화 속에 타테마에와 혼네가 있다. 전자는 겉행동인 처신과 속마음이 다른 경우고, 혼네는 처신과 마음이 같은 경우다. 물론 관계가 깊어지면 혼네, 그렇지 못하면 타테마에. 대개의 일본인들이 '하이', '하이' 하며 상냥하게 대답한다고 해서 Yes로 받아들이면 낭패를 당한다.

물론 성숙하고 친밀한 관계라면 겉과 속이 같은 악수를 나눌 테고, 그렇지 못한 관계라면 겉과 속이 다른 악수를 나눌 것이다. 우리의 관계 상태는 악수하는 마음으로 확인된다. 악수는 관계 형성의 첫걸음이자, 관계가 얼마나 돈독한지를 나타내는 관계의 바로 미터이다. 사람이 만나면 우선 악수(혹은 미소 or 허그)를 하는데, 이 악수를 기쁘고 감격적으로 나누면 서로의 마음이 열린다. 그런데 악수하면서 딴짓을 하거나, 우월한 태도로 상대를 깔보거나 또는 악수하기 대단히 싫어하며 어쩔 수 없이 손을 내민다면 악수 이후가 걱정된다. 만물의 영장인 사람은 악수를 나눔과 동시에 상대의 마음을 읽는 능력이 탁월하기 때문이다. 그러니 악수 이전에 타인에 대한 따뜻하고 개방적이며 진실한 마음을 가지는 것이 중요하다. 이런 마음에서 시작된 관계는 건강하고 성숙한 관계로 이어지는 것이 당연하지만, 타산과 전략으로 시작되는 관계는 예외 없이 파괴적 관계로 이어진다. 이 세상 모든 이가 따뜻한 마음으로 이어지는 따뜻하고 성숙한 관계만큼 이 세상을 아름답게 하는 것은 또 없을 것이다.

26) 이 세상엔 섬처럼 외롭게 존재하는 사람은 없어야 한다. 우리에게는 사람들이 필요하기 때문이다. "이들은 나의 계획 가운데 들어 있고, 또 나 혼자만의 힘으로 채울 수 있는 욕망은 거의 없다. 내면의 모든 깊은 열망은 다른 사람들이 응해 주어야 충족될 수 있다. 결과적으로 반드시 누군가 있어야 한다." 그러나 이 외로운 섬은 엄연히 존재한다. (엘드리지, 인간의 욕망, 53.)

27) 외로움은 이 인류의 종말에 이르도록 극복하지 못할 바이러스일 것임이 분명하다. 그렇다면 인류 종말의 날이란 '인생의 경험과 지혜를 자유롭게 주고받는 모든 기회'를 상실하는 날일 것이다. 이런 이유에서 '인생의 경험을 마음껏 주고받는 관계와 공동체'를 위해 기쁨으로 투자하고 헌신하는 기회를 붙잡되, 이를 포기해서는 안 된다. 그리고 모든 사람을 소중히 여기고 사랑하되 주께서 나를 사랑하셨듯이 그렇게 사랑해야 한다. 무조건, 무조건으로 말이다. 사랑은 관계의 선로인 까닭이다. "일상에서 얼굴을 마주하는 관계가 사라지면 편안한 동료 의식에서 얻는 기쁨도, 인간관계 속에 담긴 업무 훈육(nurturing work)의 가능성도 사라진다. 그리고 인생의 가르침을 주고받을 기회도 사라진다." (Lynda Grantton, 일의 미래, 93.)

28) 이민규는 관계가 삶에 강력한 영향을 주는 세 가지를 있다고 한다. 첫째는 삶에서 느끼는 만족감의 대부분이 관계에서 발생하기 때문에 관계에 문제가 생기면 모든 일에 의욕이 저하된다는 것이고, 둘째는 타인과의 갈등은 불안, 분노, 우울 등 부정적 감정을 일으켜 에너지와 시간을 낭비하게 하고, 마지막으로 아이디어와 정보는 대부분 다른 사람과의 교류를 통해 얻는데, 고립된 사람은 그만큼 손해를 보게 된다는 것이다. (이민규, 244.)

29) 이와 관련해서 아치볼드 하트는 우리들에게 매우 탁월한 정보를 제공해 준다. "자세히 들여다보면 관계 문제는 어떻게 사랑하는지 아는 것으로 좁혀진다. 건강하게 사랑할 수 있을 때 인간관계는 깊은 만족감과 지속적인 행복의 원천이 된다. 이에 비길 만한

태초에 관계가 있었다

것은 아무것도 없다. 왕조차도 사랑 때문에 보좌를 내려놓았다." (아치볼드 하트, 257.)

30) William Bridges, Transitions, DA CAPO PRESS, 66.

31) 관계를 파괴하는 요인은 많다. 그러나 관계 파괴의 직접적인 요인은 관계 파괴 직전에 직면한 갈등을 어떻게 건강하게 처리하느냐이다. 관계 파괴는 곧 갈등을 파괴적으로 해결한 결과이다. (마르틴 파도바니, 상처 입은 관계의 치유, 55쪽 이하 참조.)

32) 래리 크랩, 결혼 건축가, 두란노, 26.

33) "나의 존재를 기뻐해 주는 누군가와, 내가 갖고 있지 못한 것을 갖고 되싀 그것을 나에게 주기를 즐거워하는 누군가와, 자신이 받은 것을 다 남과 나누기 위한 것임을 알고 남을 존중하면서 이를 나누고 싶어 하는 누군가와, 그렇게 나누는 이가 있어 우리 또한 남에게 줄 것이 있음을 깨닫게 해 주는 누군가와 말이다. 바로 이어지고자 하는 욕구야말로 하나님의 형상을 닮은 인간의 존엄성과 천명을 규명해 준다." (래리 크랩, 끊어진 관계 다시 잇기, 요단, 98.)

34) 또 다른 영역에서도 관계 파괴 현상을 찾기란 그다지 어렵지 않다. 헨리 나우웬은 이 현상을 관계 심리적 차원에서 기술한다. "친밀함에 대한 우리의 갈망은 쉽사리 요구로 변합니다. 우리가 다른 사람에게서 사랑을 요구하기 시작하면, 곧 사랑은 폭력으로 변하며, 돌봄이 구타로, 입맞춤이 깨무는 것으로, 부드럽게 바라보는 것이 의심의 눈초리로 지켜보는 것이 되며, 듣는 것이 엿듣는 것으로, 성적인 교섭이 강간이 됩니다. 우리 사회에서 사랑에 대한 강한 욕구와 폭력의 격한 폭발이 밀접하게 관련된 것을 보면서, 우리는 결정적인 문제에 부닥칩니다: 무엇이 사랑입니까?" (헨리 나우웬, 여기 지금 우리와 함께하시는 하나님, 180.)

35) 빌 하이벨스, 나는 크리스천입니다, 8.

36) 마르틴 파도바니, 67.

37) 위의 책, 30.

38) "인간관계는 가장 큰 불행의 원천이 될 수도 있다. 많은 사람이 적절한 사회적 관계를 형성하고 유지하지 못해 불행과 외로움을 겪는다. 예컨대 대부분의 자살은 깨어지고 불만족스러운 관계에 기인한다. 이혼도 마찬가지다." (아치볼드 하트, 숨겨진 감정의 회복, 두란노, 257.)

39) "처음 우리는 어머니의 자궁 속에서 어머니와 관계를 통해 형성된다. 그리고 나서 계속해서 부모, 가족, 친구들과 관계를 통해 성장한다. 이러한 관계가 제대로 형성되지 않으면 인격적 결함을 가져오거나 개인적 파멸까지 초래할 수 있다." (존 W. 크로린, 아주 특별한 우정, 바오로딸, 5~6.)

40) 관계 결핍이 주는 부정적 영향에 대해 메릴랜드 대학의 정신·신체 의학 분야의 권위

자인 제임스 린치는 다음과 같이 주장한다. "사회적인 고립(친밀감의 결핍)은 정서적으로는 물론 신체적으로도 기능 장애를 가져온다고 한다. 고독이 질병을 유발시킬 수 있다는 것이다." 린치는 가정의 중요성 및 친구나 이웃과의 따뜻한 관계의 중요성을 강조한다. "간단히 말해서 우리의 관계 형성 욕구에는 생물학적 욕구가 깔려 있다. 이 욕구가 채워지지 않을 때 우리의 건강은 위험에 처하게 된다." (고든&게일 맥도널드, 마음과 마음이 이어질 때, MP, 25.)

41) 오스카 톰슨, 관계 중심 전도, 나침반, 12.

42) 랜디 프레이지, 인생을 충만하게 채우는 여백 만들기, 30.

43) "심리학자 켐벨은 기업체의 관리자로서 주목받고 있는 유망주들을 대상으로 실패한 사람들의 특성이 무엇인지 확인하기로 했다. '떠오르는 별'이라 불리던 이들 중 상당수가 중도에 탈락했다. 그 이유는 기술적인 무능함이라기보다는 대부분 대인관계의 결함 때문이었다. 그는 미국과 유럽의 많은 기업체 관리자들과의 면접을 통해 뛰어난 재능을 갖고 있으면서도 장기적으로 성과를 내지 못하는 사람들의 특성을 찾아냈다. 그들에게서 공통적으로 발견되는 치명적인 결점들이 있었다. 이는 주로 '다른 사람들과 협력 관계를 형성하지 못하는 것', '권위적인 태도와 행동', '상사와의 상습적인 갈등' 등 대인 관계와 관련된 것이었다." (이민규, 239~240.)

44) 아프리카의 르완다는 선교 100년도 채 되지 않아 '손길이 닿지 않던' 나라 전체가 '교회'가 되었다. 인구의 약 90%가 교인이 된 것이다. 교회 개척과 교회 성장이 성공의 기준이라고 한다면 이것은 기독교 선교 역사에 있어서 최고의 성공이다. 그러나 1994년 봄, 100일이 조금 넘는 동안 시민들과 교인들에 의해 다른 교인을 포함하여 거의 100만 명이 살해되었다. 복음 전파와 교회 개척에 있어서 엄청난 성공이 있었지만 인종 간 관계에 복음이 거의 스며들지 못했다. 교회에 사람은 있었지만 사람들의 마음에 교회는 없었다. 오늘날 아프리카의 사하라 사막 이남 지역에는 세계에서 가장 기독교화한 국가들, 세계에서 가장 가난한 국가들, 세계에서 가장 타락한 국가들이 함께 있다. 뭐가 문제여서 이렇게 된 것인가? 이것을 과연 성공이라고 할 수 있는가? (매츠 튜네핵, http://www.matstunehag.com/2011/08/18/from-church-planting-success-to-genocide)

45) 관광지에 가면 바가지를 많이 씌운다. 지금의 고객이 자신들의 단골이 될 가능성이 적다고 생각할수록 바가지를 씌운다. 반대로 바가지를 경험한 고객들은 자신에게 바가지를 씌운 가게를 다시는 찾지 않는 것은 물론, 바가지를 씌운 사람을 우연히 어디에선가 만났을 때 그와 좋은 관계를 형성하지 않으려 할 것이다. 뿐만 아니라 관광지에서 바가지를 경험한 사람들의 동일한 인식이 확산되어, 결국은 관광지에서 장사하는

태초에 관계가 있었다

분들은 폭리를 취하는 악덕업자로 여겨진다. 유명 관광지에 유명 대형 마트가 들어서서 성공하는 요인으로는, 바가지를 안 당해도 된다는 안도감과 악덕업자들의 그 가면 쓴 미소와 친절을 멀리할 수 있다는 심리적 요인도 크게 작용한다. 사랑하는 아내를 위해 귀금속을 사다 준 경험이 있는 남자들 중 '왜 이렇게 비싸게 사 왔느냐'는 아내는 바가지를 경험한 이들은 다시는 귀금속 가게를 가지 않을 것이다. 아내에게 귀금속을 사다 주는 남자들이 모든 귀금속 가게가 바가지를 안 씌우는 가게라고 동일한 인식을 가지게 되는 그날부터 모든 귀금속 가게의 매출이 급성장할 것이 분명하다.

46) 빌 하이벨스, 나는 크리스천입니다, 17.

47) 이와 같은 그리스도인의 '파괴적 관계 현상'은 그리스도인의 수치이다. 이 사태를 이미 예견하고 비웃기나 하는 듯이, 버나드 쇼는 "그리스도인들을 그냥 둬라. 자기들끼리 서로 죽일 것이다."라고 풍자했다. (레너드 스윗, 나를 미치게 하는 예수, IVP, 105.)

48) 피터 로드, 소울 케어, 정상묵 역, 두란노, 117.

49) 발레리오 알비세티, 사랑이라는 관계, 열린, 7.

50) 마르바 던, 희열의 공동체, 109.

51) "외로움과 단절의 문제를 해결하려고 많은 사람이 교회를 찾고 있다. 교회는 밖으로 나가 건강한 공동체를 이루라는 명령을 예수님께 받았으므로, 교회를 찾는 것이 바람직한 현상이다. 지난 30~40년간 공동체에 대한 교회의 주된 해답은 소그룹이었고 의문의 여지없이 이 소그룹 운동은 교회에 지대한 영향을 미쳤다. 자료를 보면 미국인의 40%가 모종의 소그룹에 참여하고 있다고 한다." (랜디 프레이지, 인생을 충만하게 채우는 여백 만들기, 31.)

52) 레너드 스윗은 "관계는 우주의 영혼인데 영혼이 병들었다."며 사람들이 서로 어울리는 기술을 빠른 속도로 상실했음을 탄식한다. (레너드 스윗, 나를 미치게 하는 예수, 15.)

53) 유진 피터슨/마르바 던, 껍데기 목회자는 가라, 좋은 씨앗, 140.

54) 데브라 리엔스트라, 90.

55) 다니엘 나챤, 64.

56) 레너드 스윗, 나를 미치게 하는 예수, 15.

57) 켄 엘드레드, 비즈니스 미션, 104.

58) 아브라함과 모세는 이런 사실을 알고 있었다. 출애굽기의 처음 몇 장을 읽어보라. 모세와 하나님이 주고받는 이야기로 가득하다. "그리고 주님이 모세에게 말씀하시길…" 등의 표현이 자주 눈에 띈다. 하나님과 모세는 서로 잘 아는 사이처럼, 피를 나눈 맹추처럼 행동했다. 하나님의 가슴을 간절히 따르고자 했던 다윗도 하나님과 친밀한 대화

를 나누며 하나님과 함께 걸었고, 전쟁을 치렀으며, 평생 하나님의 방식을 사랑했다. (존 엘드리지, 와일드 하트, 강주헌 역, 포이에마, 346.)

59) 우리는 우리의 경제적 안정을 위해서는 머리를 쓰고 땀을 흘리면서, 죽어 가는 자식에게 먹일 음식이 없어 속을 태우는 사람을 위해서는 푼돈도 아까워한다. 우리는 입버릇처럼 경제 정의를 말하지만 실제로 누가 착취당하고 있는지는 모른 채 싼 물건만 찾는다. (데브라 리엔스트라, 90.)

60) 존 맥스웰, 35.

61) 레너드 스윗의 《관계의 영성》 152쪽에 나오는 글을 편리상 줄인 것이다. 이웃집 사람이 새로 산 트럭을 망가트리고도 사과하지 않는 상황에서… "정말이지 이번 일은 저한테 하나의 영적이 되었습니다." 톰이 대답했다. "변호사 수임에 대해 아내와 많이 의논하고 깊이 성찰한 끝에 결국 도달한 것은 이겁니다. 나는 옳은 사람이 되거나 옆집 사람과의 관계를 지키거나 둘 중 하나입니다. 아무래도 이 트럭보다는 옆집 사람이 나하고 더 오래 지내게 될 테고, 그래서 나는 옳은 사람이 되기보다는 관계를 지키고자 했습니다."

62) 빌 하이벨스, 나는 크리스천입니다, 생명의말씀사, 85.

63) 고든 & 게일 맥도널드, 32.

64) 장 바니엘, 공동체의 성장, 27.

65) "깊이 있는 기도 시간이나 하나님 말씀을 공부하는 시간 또는 경건의 시간을 갖지 않고 며칠, 몇 주 심지어 몇 달까지 갈 수도 있다. 그럼에도 불구하고 우리는 충실하게 교회에 출석해서 찬송가를 부르며 찬양대에서 서서 노래한다. 필요할 때는 언제든지 웃음을 머금고 사람들에게 반갑게 악수를 청하면서 마치 예수 그리스도가 자기 삶의 최우선순위인 척한다. 심지어 목회자로 섬기거나 평신도 지도자의 위치에 있으면서도 이런 상태에 있는 경우가 허다하다." (탐 알렌, 영적 성장의 장애물, 나침반, 25.)

66) 빌 하이벨스, 나는 크리스천입니다, 17.

67) 게리 토머스, 뿌리 깊은 영성, 158~159.

68) 피터 스카지로, 정서적으로 건강한 영성, 생명의말씀사, 46.

69) 위의 책, 58~64.

70) Buber. Good and Evil. 111.

71) 위의 책, 111.

72) "옷이 아니라 가면을 벗어던질 때 친밀감은 생겨난다." (마르틴 파도바니, 91.)

73) 장 바니에, 공동체의 성장, 27.

74) 이런 이들을 위해 데니스 웨이틀리는 경고한다. "나에게 속지 말라. 나의 얼굴에 속지

태초에 관계가 있었다

마라. 나는 가면을 쓰고 있다. 수천 개의 가면을 벗기가 두려워 쓰고 있지만 그 많은 가면 중 진짜 나는 없다." (피터 로드, 56.)

75) 존 맥스웰, 35.

76) 마르틴 파도바니, 14~15.

77) 이런 차원에서 보자면 연애는 좋아하는 감정을 불태우는 것이고, 결혼은 행복한 가정을 꾸며 나가자는 사랑을 기초로 한 전적인 헌신(total commitment)이다.

78) 미국의 AT&T 벨전화연구소의 입사 5년 차 연구원들을 대상으로 그들의 업적을 평가한 결과에 의하면 "우수한 업적을 쌓고 고위직으로 승진한 연구원들은 입사 동기들에 비해 결코 지능이 우수하거나 입사 시험 성적이 뛰어나지 않았다. 이들은 동료들과 시시콜콜한 신변 잡담을 주고받거나, 동료나 상사에게 인기가 많았으며, 자신의 목표를 달성하는 데 주변 사람들의 협조를 쉽게 받아내는 사람들이었다. 반면 독불장군식의 천재들은…머리는 좋지만 대인 관계가 원만하지 못하고 목표를 달성하는 과정에서 함께 일하는 동료들의 협조를 잘 얻어내지 못한다고 한다. 실적과 승진에는 머리보다는 가슴이 더 중요한 영향을 미치기 때문이다." (이민규, 239.)

79) 에릭 바인하커, 부의 기원, 랜덤하우스, 588.

80) 이 중 관계와 관련된 협력 규범은 3개로, 아래와 같다.
　－ 상호 신뢰 : 동료들을 신뢰하고 그들의 직무 능력을 신뢰하라.
　－ 상호주의 : 황금률을 따르라. 당신에게 하기를 바라는 것처럼 남들을 대하라.
　－ 목표 공유 : 조직의 이익을 당신 자신의 이익보다 우선시하라. 조직의 이익에서는
　　　모두가 하나인 것처럼 행동하라. (위의 책, 589.)

81) "신앙 공동체든 기업체든 어떤 공동체를 논할 때, 그 공동체의 높은 지능은 고립된 개개인이 아닌 관계의 매듭ー그룹, 네트워크, 단체ー에서 비롯된다. 지능은 연계성과 소통의 직접적인 결과다. 그리고 참된 소통은 곧 대화다." (레너드 스윗, 관계의 영성, 168)

82) 스티븐 코비, 366.

83) 애덤 스미스는《국부론》에서 시너지에 관해 다음과 같이 설명했다. "열 명이 제각기 핀을 만들면 일인당 하루 20개씩 모두 200개를 만들지만, 이 열 명이 합심하여 핀을 만들면 하루 4만8,000개를 만들 수 있다." 합심했을 때 240배나 생산성이 더 높은 현상은 시너지 효과 또는 기적적 효과이다. (James Emery White, Rethinking The Church, Baker, 62.)

84) 캘빈 밀러, 생활 속에서 기적을 경험하라, 두란노, 6.

85) 제임스 보이스, 평신도를 위한 조직 신학, 크리스천 다이제스트, 868.

86) 존 엘드리지, 242–244.

87) 마르바 던, 희열의 공동체, 116~117.

88) 위의 책, 117~118.

89) 데브라 리엔스트라, 282.

90) 위의 책, 283.

91) 래리 크랩, 끊어진 관계 다시 잇기, 74.

92) 제임스 보이스, 260~261.

93) 위의 책, 260~261.

94) 위의 책, 261.

95) 위의 책, 261.

96) 제럴드 메이, 49.

97) 마르바 던, 희열의 공동체, 107.

98) 헨리 나우웬, 예수의 이름으로, 두란노출판부역, 두란노, 58.

99) 존 엘드리지, 346.

100) 발레리오 알비세티, 10~11.

101) "우리는 의식적이든 무의식적이든 자신에게 유리한 쪽으로 형제자매와 관계를 맺는 경우가 많다. 이것이 무작정 나쁘기만 한 것은 아니지만, 극단적인 경우에는 관계에 대한 집착으로 표출된다. 곧 한없는 내적 공허함을 채워 줄 상대를 찾게 되는 것이다, 정신과 의사인 알 디 랭은 이렇게 말한다. '우리는 사실상 사랑을 가장한 폭력으로 자신을 파괴하고 있다.' 더 나아가 그는 이렇게 말한다. '현대인이 주위 사람에게 집착하고 그렇게 집착할수록 더 큰 불만과 외로움을 느끼는 것은 이해가 가는 일이다.' 이런 병적인 증상의 원인은 오로지 자신의 유익을 위해 관계를 맺기 때문이다. 자신의 유익을 위한 관계는 역설적으로 심한 외로움과 고립을 낳는다." (폴 스티븐스, 현대인을 위한 생활 영성, 박영민 역, IVP, 129~130.)

102) 마이클 프로스트, 일상, 하나님의 신비. 홍병룡 역. IVP, 152~153.

103) 피터 스카지로, 263.

104) 위의 책, 263.

105) 이정은, 사람은 왜 인정받고 싶어 하나, 살림, 79.

106) 윌리엄 슐츠는 인간의 행동 패턴을 연구한 심리학자로 미 해군이 의뢰한 '잠수함 내에서의 인간관계' 연구뿐만 아니라 하버드 대학에서 4년간 강의와 research associate로 활동했다.

107) Charles J. Keating. Dealing With Difficult People. Paulist Press. 23.

108) 위의 책, 22~29.

109) 윌키 오, 마음의 길을 통하여, 황애경 역, 바오로의 딸, 67.

110) 예를 들어, 2011년 아시안컵축구대회가 중동 카타르에서 개최되었는데 8강전에서 중동 축구가 전멸했다. 중동 국가들이 아시안컵 4강에 들지 못한 것은 대회에 참가하기 시작한 1968년 이후 처음이라고 한다. 폐쇄적인 자국 내 축구 시스템이 패배의 주요 원인이다. 스포츠 조선에 의하면 "중동의 국내 리그에서 '축구 영웅' 대접을 받으며 오일 머니를 통해 충분한 몸값을 받고 있는 선수들은 빅 리그 진출의 필요성을 별반 느끼지 않는다."고 한다. 한국, 일본, 호주 선수들이 적극적인 해외 진출을 통해 선진 축구를 접하면서 세계적 수준으로 성장한 것과 대조적이라는 것이다. 이와 같이 관계도 조직도 폐쇄적이면 파괴된다.

111) 위의 책, 68.

112) 헨리 나우웬, 여기 지금 우리와 함께하시는 하나님, 183.

113) 얀 존슨, 공동체와 복종. 김창동 역, 좋은 씨앗, 37.

114) 위의 책, 37.

115) 발레리오 알비세티, 사랑이라는 관계, 김홍래 역, 열린, 7.

116) 《위키백과》는 외로움을 다음과 같이 정리 중이다. "홀로 되어 쓸쓸한 마음이나 느낌을 뜻하며, 사회적 동물인 인간이 타인과 소통하지 못하고 격리되었을 때 느끼게 된다. 남자가 혼자 있는 것이 좋지 않으니 '혼자 있는 것'이라고 번역된 히브리어 레바드(lebad)는 분리나 소외, 불완전한 느낌, 심지어 고독한(외로운) 사람은 완전할 수 없다는 뜻까지도 함축하고 있다. 이 단어는 반드시 있어야 하는 사람이나 대상에게서 분리되는 것을 암시한다."

117) 레너드 스윗, 관계의 영성, 47.

118) 위의 책, 29~30.

119) 헨리 나우웬, 영적 발돋움, 29~30.

120) 위의 책, 29~30.

121) "정신과 의사와 임상 심리학자들에 따르며 외로움은 사람들이 제일 흔하게 털어놓는 불만이며 늘어나는 자살의 원인이라고 한다. 또 그뿐만 아니라 알코올 중독과 마약 복용, 다양한 심신 증후군, 예를 들자면 두통, 위통, 요통의 원인이며 수많은 교통사고의 원인이라고 한다. 하나 됨과 일치와 공동체를 이상으로 삼고 있는 문화를 경쟁적인 개인주의와 조화시키려는 이 세계 속에서 어린이들과 청소년, 성인들과 노인들은 외로움이라는 이 전염성 질환에 걸릴 가능성이 점차 높아지고 있다." (헨리 나우웬, 영적 발돋움, 23.)

122) 월트 래리모아 / 트레이시 멀린스, 189.

123) 위의 책, 189.

124) 린다 그래튼, 조성숙 역, 일의 미래, 생각연구소, 94~95.

125) "우리는 가장 친밀한 관계일지라도 경쟁과 겨룸의 일부가 되어 버린 세계에서 살고 있는 사실을 점점 더 느끼게 된다." (헨리 나우웬, 영적 발돋움, 23.)

126) 위의 책, 24~25.

127) "그 뿌리는, 조건 없이 자신에게 관심을 보이거나 사랑을 베풀어 줄 사람은 아무도 없으며 이용당할 염려 없이 자신의 연약함을 드러낼 수 있는 곳은 어디에도 없을 것이라는 그런 의심을 먹고 자란다." (위의 책, 25.)

128) "즉 기본적인 인간의 홀로 됨을 매우 가까이 들여다보게 되고 또 뼛속까지 파고드는 외로움을 느낄까 봐 두려워서 무엇인가 우리를 분주하게 만드는 일을 다시 시작하거나 다 잘될 것이라고 생각하게 하는 게임을 계속할 것이다." (위의 책, 25~26.)

129) 위의 책, 29.

130) 피터 로드에 의하면 "우리가 외로운 것은 하나님께서 우리를 관계적 존재로 창조하셨기 때문이다. 외로움은 하나님과의 교제를 촉구하고 그분이 계신 교회를 찾아가라는 경고음이다." (소울 케어, 209.)

131) 장 바니에, 공동체와 성장, 37.

132) 월트 래리모아/트레이시 멀린스, 191~192.

133) 랜디 프레이지, 인생의 여백을 충만하게 채우는 여백 만들기, 44.

134) 위키백과

135) 레너드 스윗, 관계의 영성, 45.

136) Steven Carter and Julia Sokol, Men Who Can't Love, M. Evans And Company Inc. 12.

137) 헨리 클라우드/존 타운센드, 당신을 미치게 하는 열두 가지 잘못된 믿음, 사랑플러스, 176.

138) 마이클 세인트 클레어, 21.

139) 마르틴 파도바니, 14~15.

140) "인간은 다른 이와 이어져야만 하게끔 지음 받은 존재다. 그러므로 인간에게 영적 관계는 곧 생명이다. 반면 고독은 인간이 가장 두려워하는 것이다. 하나님과 이어질 때 인간은 생명을 얻는다. 그리고 다른 이들과 이어질 때 인간은 얻은 바 생명을 자유로이 주고받는 생명의 체험을 하게 된다. 뻣뻣한 개인주의, 자만심에 찬 독립, 일부러 고립을 선택하는 것 등은 마치 물속에서 숨을 쉬려는 것처럼 인간 존재의 본성에 위배되는 것이다." (래리 크랩, 끊어진 관계 다시 잇기, 112.)

태초에 관계가 있었다

141) 레너드 스윗은 말한다. "우리는 하나님이 하나님을 위해 고안하신 존재다. 하나님은 삼위일체 사랑의 관계로부터 우리를 지으셨고, 아담과 하와는 그 사랑의 자식이었다. 천상에서 삼위일체 하나님 사이가 그렇듯이, 지상에도 인간과 하나님 사이에 관계가 있게 하시려고 하나님은 아담과 하와를 지으셨다. 천국을 하나님과의 연합으로 정의한다면, 영원은 관계의 에덴동산이라 할 수 있다." (레너드 스윗, 관계의 영성, 96.)

142) 이에 대해 래리 크랩의 말을 들어보자. "사람은 누구나 친밀한 관계를 원합니다. 우리는 다 누군가와 가까워져야 할 필요가 있습니다. 친밀해지고 싶은 강한 욕망에는 아무런 변명도 필요하지 않습니다. 그것은 죄도 아니고 이기적인 것도 아닙니다. 사회적 출세나 지식의 습득 같은 주변적 만족을 더 중시하여 거기에만 매달림으로써 이 친밀함의 욕구를 무시해서는 안 됩니다. 초월이라는 미명 아래 관계의 갈망을 무시한다면, 그것은 음식 없이 살 수 있다고 우기는 것만큼이나 어리석은 것입니다. 우리의 관계 욕구는 현실이며 하나님이 주셨기에 존재하는 것입니다." (래리 크랩, 결혼 건축가, 26.)

143) 인간이 태어나는 순간부터 시작되는 친밀함과 소속감에 대해 고든&게일 맥도널드 부부는 아래와 같이 자세히 설명한다. "친밀함이 가장 잘 이루어지는 곳은 아마도 모태일 것이다. 자라나는 태아는 어머니의 심장 밑에 감싸여 안전하고 따뜻하게 쉬면서 영양분을 공급받는다. 그래서 아기가 태어나면 즉시 어머니의 젖을 물려 품어 주는 일이 중요하다. 거기서 아기는 이제껏 태내에서 누려 왔던 안전함과 따뜻함을 느끼며 영양분을 공급받는다. 이 친밀한 연합에는 힘이 있으며, 단순히 모유 수유는 물질로 목숨을 부지시키는 데 그치지 않는다. 껴안아 주는 것을 통해 아기들은 인생의 첫 순간에 친밀함과 소속감을 경험하게 된다." (고든 & 게일 맥도널드, 23.)

144) 마이클 윌킨스는 하나님 나라에서의 삶이 땅에서 이루어졌던, 예수께서 세우셨던 영적 공동체를 묘사한다. "우리를 서로 화해시키는 일은 예수님의 사역에서 핵심적인 부분이었다. 예수님은 깨끗한 자와 불결한 자를, 순종하는 자와 죄인을 분리시키고 있었던 장벽을 허무셨다. 예수님은 어부들뿐만 아니라 세리와 열심 당원에게 자기를 따르라고 하셨다. 예수님은 바리새인과 같은 분파주의자들의 눈으로 볼 때, 자신과 사귈 최소한의 자격조차 없었던 사람들까지도 불러 주셨다.(마 9:9~13; 막 2:13~17) 멸시받고 있던 사람들까지도 불러 주시고, 세리들과 함께 식사를 하시며, 타락한 사마리아 여인을 회복시켜 주시는 일을 통해서 예수님은 각 사람이 하나님과 교제하라는 부르심에 응답할 수 있으며 동시에 서로서로 교제할 수 있음을 보여 주셨다." (마이클 윌킨스, 95~96.)

145) 켄 헴필, 안디옥 이펙트, 이명희 역,서로사랑, 159.

146) "교회 공동체가 세상에 내놓아야 하는 실제적인 제품은 (영적) 관계이다. 이 관계는 두 수준에서 발생한다. 핵심 관계는 그리스도와 함께 발전한다. 예수와 함께하는 관계는 기독교 사역의 핵심적인 본질이다. 교회의 사명은 모든 사람이 그리스도와 영원한 개인적 관계를 맺게 하여 신자 되게 하는 것인데 이 관계는 삶의 변화와 생명인 것이다. 이 점에 있어서 성경은 분명하다; 우리의 목적은 예수님을 우리의 사랑과 의지함, 섬김을 통해 하나님을 영화롭게 하는 것이다. 우리의 하나님과의 관계는 우리와 그리스도와의 관계를 통해서만 가능하다. 이 관계 형성보다 더 중심이 되는 크리스천의 삶과 교회 성장은 존재하지 않는다. 이웃과 그리스도의 사랑과 사역을 나누는 우리의 헌신은 우리와 하나님과 관계의 중요한 특징이다. 그러고 난 다음에서야 우리와 이웃과의 관계가 두 번째 제품이 되는 것이다." (George Barna. Marketing The Church. Navpress. 50~51.)

147) 피터 스카지로, 264.

148) 위의 책, 264~265.

149) 위의 책, 265.

150) 로버트 훼리시는 예수께서 우리를 부르셔서 이끌어 주시는 이 인격적 사랑의 일치에 대해 다음과 같이 말한다. "그분께서 내 존재 전부의 의미이고 완성이시기에, 내 삶의 핵심적 관계는 물론 그분과의 관계일 것입니다. 내가 예수님과 맺는 인격적인 관계는 내가 타인과 갖는 모든 관계, 즉 나와 함께 사는 사람들, 내 가족과 다른 구성원들, 친구들, 함께 일하는 동료들과 나누는 관계들의 유기적 원리가 되어야 합니다. 예수 그리스도와 맺는 그 핵심적 관계는 다른 이와 나누는 관계들, 특별히 나에게 소중한 관계들 속에 생명과 생기를 주고 삶의 의미를 제공해 주면서 그 관계들을 유지시키고 도와줍니다." (로버트 훼리시, 관상과 식별, 성서와 함께, 14.)

151) 디트리히 본회퍼, 24.

152) 위의 책, 24.

153) "하나님의 이름 여호와는 더 이상 입에 올릴 수 없는 말이 아니다. 이제 하나님의 이름은 땅 끝까지 선포되고 있으며, 그 이름은 바로 예수다. 흑인 교회 전통에서 중요한 질문은 '당신은 구원받았는가?'가 아니라 '당신은 그분을 아는가?'다." (레너드 스윗, 관계의 영성, 121.)

154) 존 엘드리지, 와일드 하트, 포이에마, 262.

155) 켄 헴필, 159.

156) 장 바니엘, 공동체와 성장, 23.

157) "용서는 지옥을 노략질하며, 사탄의 무리를 질겁하여 숨게 만든다. 용서는 영혼에 평안을 주고 사람들 사이에 평화를 이룬다. 용서는 우리를 과거에서 확실히 해방시켜 주고, 새로운 미래를 열어 주며, 진심으로 현재에 살 수 있게 한다. 용서는 영혼의 가장 뜻깊은 치유요, 우주 전쟁의 가장 심원한 승리다. 용서할 때 우리는 여러 가지 일을 한다. 우리 자신도 하나님께 용서받았음을 기억하고 그리하여 다른 사람들을 용서할 힘을 얻는다. 내게 대한 가해 행위의 본뜻을 잊어버리고 이제 그것을 부활 후 예수의 몸에 남겨진 상처처럼 남들에게 믿음을 전하는 방편으로 삼는다. 다른 사람들이 내게 진 빚을 탕감해 주고, 간편한 보상 절차나 교환 조건을 내걸지 않는다. 상처를 준 행동보다 관계의 가치를 더 중시한다. 그리고 죄에 구애받지 않고 새로운 미래를 창조한다.(요 8:11) 루이스 스미디즈(Lewis Smedes)는 '잔혹할 만큼 불공평한 역사에서 벗어나는 유일한 출구, 창의적 가능성이 있는 미래로 들어서는 유일한 입구는 용서의 기적이다.'라고 말한다." (폴 스티븐스/마이클 그린, 그분의 말씀 우리의 삶이 되어, 237.)

158) 잭 블스윅 외 1인, 크리스천 가정, 27.

159) 피더 로스, 소울 케어, 200.

160) 플로이드 맥클랑, 56.

161) '탐 알렌(Tom Allen) 봉사단'의 설립자인 탐 알렌 목사의 제안은 매우 유익하다. "나는 어느 누구에게나 이렇게 도전하고 싶다. 먼저 자기 자신이 격려하는 사람이 되어 시작해 보라! 이것은 상호적인 것이다. 우리는 남들로부터 힘을 얻을 필요가 있으며 다른 이들의 사기를 북돋아 줄 책임이 있다. 다른 사람이 격려하는 말로 다가올 경우 마음이 상했던 그리스도인들은 변할 것이다. 이 사역은 전염성이 있으므로 이제 시작하자!" (탐 알렌, 영적 성장의 장애물, 42.)

162) 유진 피터슨/마르바 던, 86~87.

163) 빌 훌, 변혁, 21세기 교회의 생존 전략, 104.

164) 위의 책, 104~109.

165) 피터 스카지로, 47.

166) 레너드 스윗, 관계의 영성, 48.

167) 위의 책, 47~48.

168) 이와 관련해 빌 하이벨스는 다음과 같이 말한다. "그리스도인은 사는 모습과 하는 말과 됨됨이를 통해서 세상에 영향을 미친다. 그리스도의 향기를 내고 싶으면 먼저 감동을 주어야 한다. 진실해져야 한다는 말이다. 그저 그리스도에 대해 이야기하는 것만으로 부족하다. 그리스도의 가르침을 살아야 한다. 영국 시인 존 키츠(John Keats)

는 '경험하기 전까지는 아무것도 현실이 될 수 없다. 훌륭한 금언일지라도 삶으로 확인하기 전까지는 아직 사실이 아니다.'라고 지적했다." (빌 하이벨스, 나는 크리스천입니다, 10.)

169) 위의 책, 49.

170) 레너드 스윗, 나를 미치게 하는 예수, 131.

171) 위의 책, 96.

172) 피터 로드, 96~97.

173) W. 오스카 톰슨, 121.

174) 마르바 던, 희열의 공동체, 170.

175) 위의 책, 170.

176) 아치볼드 하트는 사랑과 복음과 관계를 짧은 문장 안에서 매우 잘 표현한다. "사랑은 우리가 서로를 위해 서로에게 하는 행동이다. 또한 복음은 사랑할 수 없는 것을 사랑할 수 있게 한다는 점에서 사랑과 질적으로 관련이 있다. 참된 사랑은 모든 사랑의 근원이신 하나님, 타인 그리고 자신과 새로운 관계를 맺어야 가능하다." (아치볼드 하트, 254.)

177) "과거에 한 번 성공한 창조적 소수가 자기의 능력과 과거의 방법론을 우상화하는 과오를 토인비는 휴브리스(hubris)라고 불렀다. 휴브리스는 기업 경영에서는 물론 국가의 정치를 비롯하여 인간 삶의 모든 영역에서 나타날 수 있다. 일반적으로 창조적 소수는 과거의 성공으로 인하여 교만해지고, 추종자들에게 복종만을 요구하며, 인(人)의 장막에 둘러싸여 지적, 도덕적 균형을 상실하고, 급기야는 가능과 불가능에 대한 판단력까지 잃게 되기 쉽다. 창조적 소수가 이러한 과오로부터 벗어날 수 있는가?" (윤석철, 경영.경제.인생, 강좌 45편, 208.)

178) "하나님은 우리에게 규칙을 주러 오시지 않는다. 하나님은 관계를 주러 오신다. 진리는 우리가 믿음의 신비 속에서 길을 잃을 때 얻어진다. 길을 잃고도 방향을 유지할 수 있다. 예수님이 길을 이끄신다면 말이다." 레너드 스윗의 이 말은 진리는 신비로운 것이어서 결코 어떤 규칙으로 정형화되지 않는다는 의미이다. (레너드 스윗, 관계의 영성, 318.)

179) "율법의 규칙이 인생을 지배할 때 우리의 가장 큰 두려움은 하나님의 진노를 사는 것이다. 그러나 관계의 규칙 즉 '사랑의 법'이 인생을 지배할 때 우리의 가장 큰 두려움은 하나님 마음을 아프시게 하는 것이다." (위의 책, 195.)

180) 데브라 리엔스트라는 이 소중한 하나님의 사랑에 대해 우주를 지탱하는 거대한 에너지라고 정의한다. "하나님의 사랑은 우주를 지탱하는 거대한 에너지다. 어떤 존재도

우리의 육신을 창조하셨을 뿐만 아니라 직접 그 몸을 입으신 하나님만큼 사랑을 알지 못한다. 그분은 우리의 고통에 긍휼하실 뿐만 아니라 아기를 품에 안은 엄마처럼 우리에게 아주 가까운 분이시다." (데브라 리엔스트라, 66.)

181) 디트리히 본회퍼, 42~43.

182) 다른 이들과의 참된 영적 관계는 자신보다도 다른 이들의 기쁨과 유익을 위한 동기로 관계를 맺을 수 있느냐 없느냐에 달려 있다. 바울은 자기 안에서 힘 있게 활동하는 그리스도의 에너지가 있기 때문에 다른 이들을 대신해서 분투할 수 있었다고 말한다.(골1:29) (래리 크랩, 끊어진 관계 다시 잇기, 112.)

183) 피터 로드, 182.

184) George Barna, Leaders On Leadership, 32.

185) 조지 바나 외, 리더십을 갖춘 지도자, 베다니출판사, 180.

186) 위의 책, 180~181.

187) 빌 훌, 모든 신자를 제자로 삼는 교회, 박영철 역, 요단출판사, 40.

188) 영적 관계 형성은 사역보다 우선되어야 하며, 영적 관계 형성 이전에 사역자와 하나님과의 관계 형성이 전제되어야만 한다. 이에 대해 레너드 스윗은 아래와 같이 말한다. "시인 오든(W. H. Auden)은 '인간은 좋은 사람과 나쁜 사람에 대해 말할 수 없고 오직 좋은 관계와 나쁜 관계에 대해 말할 수 있을 뿐이다.'라고 피력했다. 좋은 제자와 나쁜 제자는 비슷한 토대 위에 있다. 그러기에 좋은 사역과 나쁜 사역도 마찬가지다. 목회자의 첫 소명은 안수 받은 사역이 아니라 예수 그리스도를 통한 하나님과의 관계. 우리가 사역의 길을 가는 것은 우리 관계가 다른 사람들에게 해 줄 수 있는 것 때문이 아니라 하나님의 관계가 우리 안에서 행하셨고, 지금도 행하고 계신 일 때문이다." (레너드 스윗, 관계의 영성, 128.)

189) 고든 & 게일 맥도널드, 124.

190) 케네스 리치, 영혼의 친구, 신선명 · 신현복 역, 16.

191) 위의 책, 97.

192) 유해룡, 하나님 체험과 영성 수련, 200-202.

193) 피터 로드, 229에서 재인용.

194) 케네스 리치, 영성과 목회, 최승기 역, 60-61.

195) 제임스 패커 외 1인, 제임스 패커의 기도, 정옥배 역, 79.

196) 마르바 던, In The Beginning, God, 47.

197) 윌키 오, 67.

198) 제임스 보이스, 507-517.

199) 제임스 보이스는 성령의 열매들을 다음과 같이 설명한다.
　① 사랑은 으뜸이며, 아주 특별한 미덕이다.
　② 희락은 그리스도인의 생활 속에서 세속적인 행복과 상응하는 미덕이다.
　③ 화평은 그리스도께서 십자가 못 박힘으로 얻어진, 인류에게 주신 하나님의 선물이다.
　④ 오래 참음은 혹독한 시련을 겪게 되었을 때조차도 다른 사람들에게 참는 것이다.
　⑤ 자비는 하나님이 사람들을 대하실 때 가지셨던 태도이다.
　⑥ 양선은 자비와 유사하지만, 이는 대부분 베풀 만한 가치가 없는 자들을 위한 것이다. 그것은 관용과 연관된다.
　⑦ 충성은 신뢰할 수 있음 혹은 믿을 만함을 의미한다.
　⑧ 온유는 항상 올바른 분노(죄악에 대항할 때)를 하고 그릇된 분노는 절대 하지 않는다. 온유는 모세의 탁월한 미덕이다.(민12:3)
　⑨ 절제는 육체적 욕망을 극복하게 하고, 그러므로 마음과 행동 양쪽 모두의 순결성과 밀접한 관계가 있다. (제임스 보이스, 507~517.)
200) 오스카 톰슨, 관계 중심 전도, 주상지 역, 나침반, 176.
201) 김기영, 일터@영성, 144.
202) 저자가 섬기는 '주향한공동체'의 [셀의 목표] 중에서.
203) 아치볼드 하트, 258.
204) 피터 로드, 96~97.
205) 헨리 나우웬, 여기 지금 우리와 함께하시는 하나님, 187.
206) 스티븐 코비, 성공하는 사람들의 7가지 습관, 김경섭 · 김원석 역, 259.
207) 레너드 스윗, 관계의 영성, 51.
208) 위의 책, 146~147.
209) Alvin J. Lindgren&Norman Shawchuck, Management for Your Church, Organizational Resources Press, 14.
210) 디트리히 본회퍼, 26.
211) 래리 크랩, 끊어진 관계 다시 잇기, 9~10.
212) 위의 책, 10.
213) 레리 크랩, 관계의 공동체, 58~59.
214) 길버트 빌리지키안 교수는 이 협력을 통해 세 가지를 배우게 된다고 한다. 첫째는 하나님의 질서에 있어서 공동체를 이루기 위해서는 노동이 필요하다. 노동 없이 공동체는 저절로 생겨나지 않는다는 것. 둘째로, 공동체의 구성원들은 하나님이 주신 권

위 아래서 함께 종이 되어야 하며, 이들은 모두 다 '사역자들'이라는 것. 셋째로, 공동체의 사역에는 그 구성원 전부가 참여해야 하는데 누구도 면제되지 않는다는 것이다. (Gilbert Bilezikian, Community 101. Zondervan, 89~173.)

215) 윤석철, 삶의 정도, 76~77.

216) 누가는 사도행전을 기술하는 데 있어서 두 개의 핵심 용어를 사용하고 있다. 첫째는 '성령과 그 역사', 두 번째는 성령 받은 이들이 '함께함과 그 역사'였다. 특히 누가는 이 '함께함'의 의미를 사도행전의 전 역사를 이해하는 핵심 중 하나로 본 듯하다. 누가가 이 '함께함'을 매우 의도적으로 반복하는 본문은 사도행전 3장 1절에서 4절까지이다. 누가는 이 반복을 통해서 독자들에게 세 가지를 강조하려 했다.

첫째, 예수님의 제자들이 성령에 사로잡혀 사역적으로 '하나 되어' 있는 상태를 강조했다.(4절)

둘째, 이 '함께함'이 지니고 있는 권능이 어떻게 사역화 었는지를 강조했다.(6~8절)

셋째, 그 결과가 주님의 몸인 초대 교회에 얼마나 영향을 미쳤으며 하나님께서 이를 얼마나 기뻐하셨는지 강조했다.(9~10절)

사도행전 3장의 이 스토리는 사도행전 전체가 성령의 역사와 제자들의 함께함의 역사가 어우러져 만들어 낸 위대한 스토리임을 증거하고 있다.

217) 스티븐 코비는 다음과 같이 시너지를 정의한다. "시너지는 전체가 각 부분들의 합보다 더 크다는 것을 의미한다. 다시 말하면 각 부분들 상호 간에 갖는 관계는 전체의 일부분이고, 또 그 자체가 전체의 역할을 한다는 것을 의미한다. 따라서 이것은 한 부분이도 하지만, 동시에 최대의 촉매 작용을 하고, 최고의 역량이 있으며, 가장 큰 통합을 이룩하게 하는 가장 멋진 부분이다." (스티븐 코비, 336.)

218) 래리 크랩, 관계의 공동체, 김명희 역, IVP, 58~59.

219) 레너드 스윗, 모던 시대의 교회는 가라. 김영래 역, 좋은 씨앗, 52.

220) "죄는 일차적으로 하나님의 법에 대한 반항이나 도덕 원리에 대한 도전이 아니다. 죄가 죄인 것은 우리와 하나님의 관계를 깨뜨리기 때문이다." (레너드 스윗, 관계의 영성, 96~97.)

221) 탐 알렌, 126~127.

222) 디트리히 본회퍼, 141.

223) 고든&게일 맥도널드, 36-39.

224) 유진 피터슨/마르바 던, 324.

225) 위의 책, 324.

226) 고든&게일 맥도널드, 11.

227) 제임스 패커, 하나님의 인도, 조계광 역, 77.

228) 플로이드 맥클랑, 하나님과의 친밀함, 11.

229) 탐 알렌, 128.

230) 오스왈드 샌더스, 영적 성숙, 신석 역, 81.

231) 위의 책, 83~85.

232) 유진 피터슨, 껍데기 목회는 가라, 127.

233) 스코트 펙, 악의 심리학, 윤종석 역

234) 플로이드 맥클랑, 11.

235) 고든 맥도널드, 영적 열정을 회복하라, 박기영 역, 110-122.

236) 디트리히 본회퍼, 122~123.

237) 문계환, 기독 경영 로드맵 11, 111~112.

238) 월키 오, 67~68.

239) 장 바니엘, 두려움 너머로, 홍순철 · 방해란 역, 151.

240) 도시화 이후 '일터-교회-집' 사이의 거리가 멀어지면서 일터의 삶과 교회에서의 신앙, 집에서의 삶이 분리된 현상을 말한다.

241) 조지 헌터(George Hunter III) 교수는 세속화(Secularization)된 원인을 역사적으로 여섯 가지 사건에서 찾는다. ① 중세 문예 부흥 운동 ② 루터와 캘빈의 종교 개혁에 의한 기독교국의 분열 ③ 국가주의 ④ 과학의 발달로 인한 서양인의 의식 변화 ⑤ 기독교에 대해 의심하게 했고, 기독교를 대체하는 신념과 원인을 제공했던 계몽주의 ⑥ 도시화 (조지 헌터 3세, How to Reach Secular People, 26-29.)

242) 김기영, 11~12.

243) 마르틴 파도바니, 68.

248) 헨리 나우웬, 여기 지금 우리와 함께하시는 하나님, 187.

245) 잭 윈터, 23.

246) George G. Hunter 3, 42~54.

247) 스코트 펙, 129.

248) 일터 사역과 관련해서는 저자의 졸저인 《일터@영성》 (예영커뮤니케이션, 2011)의 일독을 권한다.

249) BAM 사역과 관련해서는 저자의 역서 《Business As Mission》 (예영커뮤니케이션, 2010)의 일독을 권한다.

250) 헨리 나우웬, 예수의 이름으로, 61.

251) Aelred of Rievaulx, Spirituality Friendship, Cistericain Publication, 157.

252) 빌 하이벨스, 나는 크리스천입니다. 84~85.

253) 위의 책, 85~86.

254) 이와 관련 피터 스카지로의 고백을 들어보자. "그날 우리는 상담사 사무실에서 우리의 실상을 깨닫고 몹시 당혹스러웠지만, 한 가지 잊을 수 없는 교훈을 마음에 새길 수 있었다. 우리가 비록 거의 20년 동안 헌신적인 기독교인으로 살아왔음에도 불구하고, 하나님이 그리스도 안에서 의도하시는 새 가족의 원리보다는 우리가 태어나서 자랐던 옛 가정의 원리가 우리의 인간관계에 훨씬 더 큰 영향을 미쳤다는 사실이었다. 그리스도 안에서의 성장, 즉 성화의 과정은 과거를 잊고 하나님이 원하시는 삶만을 향해 매진하는 것이 아니다. 오히려 성화의 과정은 과거를 돌아봄으로써 우리 자신과 이웃을 진정으로 사랑하지 못하게끔 방해하는 파괴적인 옛 습관에서 해방되는 것이다." (피터 스카지로, 45.)

255) 고든&게일 맥도널드, 32.

256) 위의 책, 32.

257) 레너드 스윗, 관계의 영성, 49.

258) 위의 책, 53.

259) 위의 책, 53.

260) M. Scott Boren, The Relational Way, Touch Publications, 42.

261) 위의 책, 34.

262) Jacques Maritain, The Peasant of the Garonne (New York: Holt, Rinehart and Winston, 1968), 172. (유진 피터슨, 주와 함께 달려 가리다, 황병룡 역, 158에서 재인용)

263) 마르바 던 교수는 이 진정한 '함께함'을 가능케 하는 것이 무엇인지를 다음과 같이 설명한다. "여기서 중요한 것은 '함께함'이다. 그들의 슬픔에 함께할 때, 결코 우리는 스스로를 그들보다 우월한 위치에 두어서는 안 된다. '그래, 울어야겠다면 이번에는 내가 받아주지. 하지만 인생을 더 잘 헤쳐 나가려면 당신은 지금보다 더 강해질 필요가 있어.'라고 말하는 듯한 자세 말이다. '함께함'을 가능하게 해주는 것은, 다름 아니라 우리에게는 누구나 약점이 있고 그 약점은 공동체의 다른 지체들에 의해 채워질 수 있다는 사실에 대한 깨달음이다." (마르바 던, 희열의 공동체, 270.)

264) 마음과 관련하여 마르바 던은 다음과 같은 심오한 도움을 준다. "신앙 공동체의 구성원들이 성경에 제시된 '마음'이란 단어의 원래 취지를 다시 깨닫는 것은 무척 긴급하고 중요한 일이다. 현재 문화는 그 단어를 은유적으로 사용해 '감정'을 의미하는 것으로 이해한다. 하지만 감정을 강조하기 위해 첫째, 성경(구약 성경)의 저자들은 '신장

(kinneys)'이라는 히브리 단어를 사용했고, 둘째, 성경(신약 성경)의 저자들은 '창자(bowels)'라는 단어를 사용했다. 나의 내장과 관련 있는 신장이나 신경 조직은 미약하기 짝이 없다. 따라서 그 단어들은 감정을 지나치게 신뢰하는 것이므로 피하는 것이 합당하다고 말해 주는 것 같다. 또한 감정이 비록 중요한 요소이기는 하지만 삶 전체를 위한 토대로 삼는다면 실패를 면치 못할 것이라는 사실을 알려 주는 것 같다. 성경의 제자들은 '마음'이란 단어를 의지 속에서 일어나는 정신적이고 영적이며 심리적인 과정들의 깊이 있는 집중으로 이해했다." (유진 피터슨/마르바 던, 66.)

265) 제임스 패커, 하나님의 인도, 111~112.

266) 로버트 슬로컴, 평신도 목회의 극대화, 서병택 · 서병채 역, 131~133.

267) 존 학개, 염려를 극복하는 길, 양은순 역, 23.

268) 마르던 바는 이 '함께함'의 개념을 아래와 설명한다. "균형을 잡아 주는 열쇠는 함께(with)라는 전치사에 있다. 그것은 어떠한 우월감도 들어설 여지를 남겨 두지 않는다. 왜냐하면 말 그대로 우리는 고통 가운데 있는 이들과 함께 있는 사람이어야 하기 때문이다. 그러나 '함께함'이라는 개념은 또한 우리가 상대의 사정을 완벽히 이해한다는 생각 역시 못 하도록 하는 역할도 한다. 우리는 다만 상대와 함께(with)하는 것일 뿐, 그 당사자가 될(be) 수 없기 때문이다. 그릇된 이해는 우월감만큼이나 파괴적이다." (마르바 던, 희열의 공동체, 271.)

269) 이런 점에서 "예수님이 십자가에 달리신 것은 일련의 율법이나 도덕적 행동 체계의 수호보다 관계를 더 중시하셨기 때문이다."라고 하며 "예수님은 가장 큰 '법'은 사랑의 법이라고 하셨는데, 사실 그것은 법이 아니라 관계였다."는 레너드 스윗의 주장은 작금에 법과 규칙의 틀을 벗어나지 못하는 우리 그리스도인에게 너무도 적절한 금언이다. (레너드 스윗, 관계의 영성, 51.)

270) 헨리 나우웬, 여기 지금 우리와 함께하시는 하나님, 180.

271) 월트 래리모아/트레이시 멀린스, 216~217.

인용 서적들

* 책 제목, 지은이, 옮긴이, 출판사(발간 연도) 순으로 표기했음.

1%만 바꿔도 인생이 달라진다, 이민규, 더난출판사(2011)

2010 대한민국 트렌드, LG경제연구원, 한국경제신문

21세기 교회 연구 : 공동체, 랜디 프레이지, 차성구 역, 좋은 씨앗

My Story, 빌 클린턴, 정영목 역, 물푸레

T. S. 엘리어트 선집, T. S. 엘리어트, 이창배 역, 을지문화사

Work, 크라임 틴크, 박준호 역, 마티

개성 있는 교회가 성장한다, 로버티 멕킬킨, 헤럴드 J. 웨스팅, 오진탁 역, 디모데

건강한 사역자입니까?, 워렌 W. 위어스비 & 데이빗 W. 위어스비, 김모루 역, 디모데

결혼 건축가, 래리 크랩, 윤종석 역, 두란노

경영 · 경제 · 인생 강좌 45편, 윤석철, 위즈덤하우스

공동체로 사는 이유, 에버하르트 아놀드, 예수전도단

공동체와 복종, 얀 존슨, 김창동 역, 좋은 씨앗

공동체와 성장, 장 바니엘, 성찬성 역, 성바오로

관계, 보비 야겔, 김용현 역, 예수전도단

관계의 영성, 레너드 스윗, 윤종석 역, IVP

관상과 식별, 로버트 훼리시, 심종혁 역, 성서와 함께

그리스도인의 행복한 대가 지불, J. R. 브리그스, 김성녀 역, 예수전도단

그분의 말씀 우리의 삶이 되어, 폴 스티븐슨 & 마이클 그린, 윤종석 역, 복있는 사람

그분의 형상대로, 마이클 월킨스, 김재영 역, IVP

기도, 오쿠무라 이치로, 박병해 역, 바오로의 딸(1999)

기도와 인격 성숙, 빌 쇼크, 김미경 역, 성바오로(1999)

기도학교, 유진 피터슨, 윤매영 역, 죠이선교회 출판부

기독교 교육 개론, 고용수 외, 한국장로교출판사

끊어진 관계 다시 잇기, 래리 크랩, 이주엽 역, 요단

나는 크리스천입니다, 빌 하이벨스, 최종훈 역, 생명의말씀사

나를 미치게 하는 예수, 레너드 스윗, 윤종석 역, IVP

남남, 조병화, 일지사

내가 알아야 할 것을 창세기에서 배웠다, 마르바 던, 김순현 역, IVP

다시 일어서는 목회, 유진 피터슨, 차성구 역, 좋은 씨앗(2004)

다원주의 사회에서의 복음, 레슬리 뉴비긴, 홍병룡 역, 한국기독학생출판부

당신도 하나님이 쓰신 성경 인물과 같이 될 수 있다, 오스왈드 샌더스, 장호익 역, 나침반

당신을 미치게 하는 열두 가지 잘못된 믿음, 헨리 클라우두 & 존 타운센드, 사랑플러스

돈 한 푼 없이 부자로 사는 법, 필 컬러웨이, 김재일 역, 뉴스앤조이

두려움 너머로, 장 바니엘, 홍순철 · 방해란 역, 성요셉출판사

리더십을 갖춘 지도자, 조지 바나 외, 베다니출판사

마음과 마음이 이어질 때, 고든 & 게일 맥도널드, 윤종석 역, IVP

마음의 길을 통하여, 윌키 오, 황애경 역, 바오로의 딸

매력적인 교회, 그레이엄 톰린, 주상지 역, 서로사랑

모던 시대의 교회는 가라, 레너드 스윗, 김영래 역, 좋은생각

모든 것을 새롭게 만들고, 헨리 나우웬, 성찬석 역, 바오로딸

모든 신자를 제자로 삼는 교회, 빌 헐, 박영철 역, 요단출판사

밈, 수전 블랙모어, 김명남 역, 바다출판사

변혁, 21세기 교회의 생존 전략, 빌 헐, 마영례 역, 디모데

부의 기원, 에릭 바인하커, 안현실 · 정성철 역, 랜덤하우스(2007)

부의 비밀, 다니엘 라핀, 김재홍 역, 씨앗을 뿌리는 사람

분별력, 존 맥아더 외, 이경미 역, 엔트리스토

사람은 왜 인정받고 싶어 하나, 이정은, 살림

사랑이라는 관계, 발레리오 알비세티, 김홍래 역, 열린

삶의 정도, 윤석철, 위즈덤하우스

상처 입은 치유자, 헨리 나우웬, 최원준 역, 두란노

상한 감정의 치유, 데이비드 A. 시멘즈, 송헌복 역, 두란노

성공하는 사람들의 7가지 습관, 스티븐 코비, 김경섭 · 김원석 역, 김영사

소그룹 운동과 교회 성장, 론 리콜라스 외, 신재구 역, IVP

소울 케어, 피더 로스, 정성묵 역, 두란노

숨겨진 감정의 회복, 아치볼드 하트, 정성준 역, 두란노

신도의 공동생활, 디트리히 본회퍼, 문익환 역, 대한기독교서회

아버지의 집으로, 잭 윈터, 오대원 · 허령 역, 예수전도단

태초에 관계가 있었다

아주 특별한 우정, 존 W. 크로린, 김은희 역, 바오로딸

악의 심리학, 스코트 펙, 윤종석 역, 두란노

안디옥 이펙트, 켄 헴필, 이명희 역, 서로사랑

안식, 마르바 던, 전의우 역, IVP

여기 지금 우리와 함께하시는 하나님, 헨리 나우웬, 장미숙 역, 은성

염려를 극복하는 길, 존 학개, 양은순 역, 생명의말씀사

영성과 목회, 케네스 리치, 최승기 역, 한국장로교출판사(2000)

영성의 시작, 데브라 리엔스트라, 최요한 역, 죠이선교회

영적 발돋움, 헨리 나우웬, 이상미 역, 두란노

영적 성숙, 오스왈드 샌더스, 고신석 역, 프리셉트

영적 성장의 장애물, 탐 알렌, 나침반

영혼의 친구, 케네스 리치, 신선명 · 신현복 역, 아침영성지도연구원

예수의 이름으로, 헨리 나우웬, 두란노출판부 역, 두란노

이 잔을 들겠느냐, 헨리 나우웬, 한정아 역, 바오로딸

인간의 관계 경험과 하나님 경험, 마이클 세인트 클레어, 이재훈 역, 한국심리치료연구소

인생을 충만하게 채우는 여백 만들기, 랜디 프레이지, 윤종석 역, CUP

일상, 하나님의 신비, 마이클 프스트, 홍병룡 역, IVP

일터@영성, 김기영, 예영커뮤니케이션

전인 치유의 하나님, 다니엘 파운틴, 김창용 · 강경미 역, 죠이선교회 출판부

정서적으로 건강한 영성, 피터 스카지로, 조계광 역, 생명의말씀사

제임스 패커의 기도, 제임스 패커 외 1인, 정옥배 역, IVP

크리스천 가정, 잭 블스웍 외 1인, 황성철 역, 두란노

클림트, 이주헌, 도서출판 재원

털어놓기와 건강, 페니베이커 J.W, 김종환 · 박광배 역, 학지사

팀 리더십 파워, 조지 바나, 홍경기 역, 창우

평신도 목회의 극대화, 로버트 슬로컴, 서병택 · 서병채 역, 평신도목회자연구소

평신도를 위한 조직 신학, 제임스 보이스, 지상우 역, 크리스챤 다이제스트

포스트모던 시대의 진리, 레슬리 뉴비긴, 김기현 역, 한국기독학생출판부

프로페셔널의 원칙, 데이비드 H. 마이스터, 장호곤 역, 교보문고

하나님, 체험과 영성 수련, 유해룡, 장로회신학대학교 출판부(1999)

하나님의 신비에 눈뜨는 영성, 유진 피터슨, 좋은 씨앗

하나님의 인도, 제임스 패커 외 1인, 조계광 역, 생명의말씀사
한국 문학과 기독교, 김희보, 현대사상사(1979)
한길 가는 순례자, 유진 피터슨, 김유리 역, 한국기독학생회출판부(2001)
할아버지의 기도, 레이첼 나오미 레멘, 류혜욱 역, 문예출판사(2006)
현대인을 위한 생활 영성, 폴 스티븐스, 박영민 역, IVP
희열의 공동체, 마르바 던, 이종태 역, 복있는 사람

Beginning to Pray, Anthony Bloom, Paulist Press
Benchmarks of Quality in the Church, Norman Shawchuck&Gustave Rath, Abingdon
Building A Church Of Small Groups, Bill Donahue&Russ Robinson, Zondervan
Community 101, Gilbert Bilezikian, Zondervan
Dealing With Difficult People, Charles J. Keating, Paulist Press
Good and Evil, Buber
Hermeneutics for Economists, Williams
How To Reach Secular People, George G. Hunter 3, Abingdon Press
Leaders On Leadership, George Barna, Regal
Life 101, John-Roger&Peter McWilliams, Prelude Press(LA. Santa Monica, 1991)
Living On the Edge, Chip Ingram, Howard
Making Room for Life, Randy Frazee, Zondervan
Management for Your Church, Alvin J. Lindgren&Norman Shawchuck, Organizational Resources Press
Marketing The Church, George Barna, Navpress
Men Who Can't Love, Steven Carter&Julia Sokol Coopersmith, M. Evans and Company INC
On Kingdom Business, Tetsunao Yamamori&Kenneth A. Eldred, Crossway
Post-Morern Pildrim: First Century Passion the 21th Century World, Leonard Sweet, Nashiville: Broadman&Holman
Redefining Corporate Soul: Linking Purpose and People, Allan Cox, with Julie Liesse, Chicago: Irwin(1996)
Rethinking The Church, James Emery White, Baker

Spirituality Friendship, Aelred of Rievaulx, Cistericain Publication
The Bible and Healing: A Medical and Theological Commentary, John Wilkinson, Grand Rapid:Eerdmans(2002)
The Relational Way, M. Scott Boren, Touch Publications(2007)
The Safest Place On Earth, Larry Crabb, World Publishing(1999)
To Know As We Are Known, Parker J. Palmer, HarperSanFrancisco(1993)
Tomorrow's Church: A Community of Change, John H. Westerhoff, Waco, TX: Word Books(1976)
Transitions, William Bridges, DA CAPO PRESS
Turning Vision Into Action, George Barna, Regal Books

위키백과
기독교백과사전